＃ n a l u t a

CRAIG GROESCHEL

#naluta

Seguindo Jesus em um mundo voltado para si mesmo pelas lentes de uma selfie

Editora Vida
Rua Conde de Sarzedas, 246 – Liberdade
CEP 01512-070 – São Paulo, SP
Tel.: 0 xx 11 2618 7000
Fax: 0 xx 11 2618 7030
www.editoravida.com.br

Editor responsável: Marcelo Smargiasse
Editor-assistente: Gisele Romão da Cruz Santiago
Tradução: Jurandy Bravo
Revisão de tradução: Andrea Filatro
Revisão de provas: Josemar de Souza Pinto
Diagramação: Claudia Fatel Lino
Capa: Arte Peniel

© 2015, Craig Groeschel
Originalmente publicado nos EUA
com o título *#Struggles*
Copyright da edição brasileira © 2017, Editora Vida
Edição publicada com permissão contratual de
The Zondervan Corporation LLC, uma divisão
de HarperCollins Christian Publishing, Inc.

∎

*Todos os direitos desta tradução em língua
portuguesa reservados por Editora Vida.*

Proibida a reprodução por quaisquer meios,
salvo em breves citações, com indicação da fonte.

Todos os grifos são do autor.

∎

Scripture quotations taken from Bíblia Sagrada,
Nova Versão Internacional, NVI ®.
Copyright © 1993, 2000, 2011 Biblica Inc.
Used by permission.
All rights reserved worldwide.
Edição publicada por Editora Vida,
salvo indicação em contrário.

Todas as citações bíblicas e de terceiros foram
adaptadas segundo o Acordo Ortográfico da
Língua Portuguesa, assinado em 1990,
em vigor desde janeiro de 2009.

1. edição: mar. 2017

Dados Internacionais de Catalogação na Publicação (CIP)
(Câmara Brasileira do Livro, SP, Brasil)

Groeschel, Craig
    #naluta : seguindo Jesus em um mundo voltado para si mesmo pelas lentes
de uma selfie / Craig Groeschel ; [tradução Jurandy Bravo]. -- São Paulo : Editora
Vida, 2017.

    Título original: *#struggles*
    ISBN 978-85-383-0351-0

    1. Conduta de vida 2. Mídia social 3. Self - Aspectos religiosos - Cristianismo
4. Tecnologia 5. Vida cristã I. Título.

17-01413   CDD-248.4

Índices para catálogo sistemático:
1. Vida cristã   248.4

Este livro é para todos os que se recusam a
adorar algo que nunca satisfaz.
Que você possa experimentar mais daquele
que sempre satisfaz.

É necessário que ele cresça e que eu diminua.
(João 3.30)

Agradecimentos

Gostaria de expressar a minha mais profunda gratidão a todos os amigos que ajudaram a tornar este livro possível.

Dudley Delffs, você é o melhor editor que conheço. E um amigo ainda melhor.

David Morris, Tom Dean, John Raymond, Brian Phipps, Lisa Eary e a equipe inteira da Zondervan, é de fato uma honra publicar com vocês. A sua paixão por glorificar a Cristo é evidente e significa mais para mim do que jamais poderei expressar.

Tom Winters, obrigado por sempre me representar tão bem. Você é um amigo fiel.

Brannon Golden, você é um gênio e um comediante. Obrigado por sempre encontrar tempo para fazer o seu *show!* Você é o melhor dos melhores.

Lori Tapp e Adrianne Manning, vocês são duas estrelas do *rock*. Obrigado por servirem à minha família e tornarem o nosso mundo melhor.

Mandy Groeschel, Cindy Beall, Jaclyn Vann, Jared Bowie, Blake Deprato e Michael Mead, obrigado por lerem o manuscrito inteiro e darem o seu valioso *feedback*. Vocês tornaram o livro mais forte. E, graças a vocês, ele não contém figuras.

Catie, Mandy, Anna, Sam, Stephen, Joy, vocês na verdade não fizeram muita coisa para ajudar com o livro, mas, como são meus filhos e sou louco por vocês, incluo os seus nomes nos agradecimentos. Tenho orgulho de cada um de vocês e amo-os mais do que podem imaginar.

Amy Groeschel, você é melhor do que palavras são capazes de descrever. Amo a vida ao seu lado. Você é a minha melhor amiga e a garota dos meus sonhos para sempre.

Sumário

Introdução: Dispositivos e desejos..11

#1 Recuperando a satisfação
Na luta contra as comparações...23

#2 Restaurando a intimidade
Na luta contra as "curtidas"..49

#3 Revelando autenticidade
Na luta contra o controle..77

#4 Ressuscitando a compaixão
Na luta contra a insensibilidade.. 101

#5 Restabelecendo a integridade
Na luta contra a impureza secreta.. 127

#6 Relembrando o encorajamento
Na luta contra a crítica constante..153

#7 Recuperando a adoração
   Na luta contra a idolatria..181

#8 Restabelecendo o descanso
   Na luta contra a distração permanente......................................209

Conclusão: Mantendo a tecnologia no devido lugar.....................231

Apêndice 1: Os dez mandamentos do uso das mídias sociais
para aumentar a fé e compartilhar o amor de Deus.....................243

Apêndice 2: Salvaguardas...261

Introdução

Dispositivos e desejos

> Sim, eu amo a tecnologia, mas não tanto quanto você. Mas ainda amo a tecnologia, sempre e para sempre.
>
> Kip em *Napoleon Dynamite*[1]

Tenho uma relação de amor e ódio com a tecnologia.

A maioria de nós está familiarizada com essa sensação, mas não sabe definir exatamente por quê. Temos consciência da obsessão por nossos dispositivos, mas não sabemos administrar os desafios que acompanham sua utilização e que só fazem se multiplicar.

---

[1] **Napoleon Dynamite:** um novo herói (título em Portugal). Comédia dramática com direção de Jared Hess e produção executiva de Jeremy Coon. EUA, 2004. [N. do T.]

Estamos ocupados, porém entediados.

Sobrecarregados, porém vazios.

Conectados, porém mais solitários do que nunca.

A nossa vida está abarrotada de mais atividades do que imaginamos ser possível, porém nos sentimos ocos no fim do dia. Temos mais bens — carros, casas, roupas, engenhocas, brinquedos — do que qualquer outra geração na História; no entanto, ansiamos por mais. Estamos mais conectados *on-line* que nunca, porém com frequência nos sentimos mais sós do que somos capazes de descrever. Sabemos que Deus planeja algo diferente para nós, algo melhor, algo mais. Só não sabemos muito bem como encontrá-lo.

> Estamos mais conectados *on-line* que nunca, porém com frequência nos sentimos mais sós do que somos capazes de descrever. Você se identifica com isso?

Quase todo mundo parece concordar que a vida está ficando mais atarefada, mais maluca e mais frenética a cada dia. Somos bombardeados por mais informação do que temos condições de processar — notícias, anúncios, comerciais, *blogues*, *tuítes*, imagens, avisos sonoros, músicas, jogos, mais anúncios. O louco é que agora temos mais dispositivos, programas e aplicativos do que nunca disputando para satisfazer as nossas necessidades. O nosso mundo está farto de novidades tecnológicas, cada uma prometendo tornar a nossa vida melhor.

Muitas dessas inovações *têm* realmente tornado a nossa vida melhor, disso não há dúvida. Consigo enviar uma mensagem de texto a um amigo na Austrália para avisá-lo de que estou orando em seu favor. Posso compartilhar fotos da festa de aniversário do meu filho com parentes a milhares de quilômetros de distância. Sou capaz de conferir o meu fundo de aposentadoria, fazer compras no supermercado ou reservar um hotel na praia, tudo pelo celular. No entanto, apesar de todas essas vantagens, não posso deixar de me questionar quanto às desvantagens involuntárias de algumas dessas conveniências sem as quais não consigo mais viver.

Estou fascinado com o modo pelo qual a tecnologia e as mídias sociais impactam a nossa vida, os nossos relacionamentos e até a nossa fé. Não sei quanto a você, mas tenho de admitir que estou em conflito. Amo de paixão a tecnologia, usando-a quase sem parar todos os dias da minha vida. Ao mesmo tempo, não a suporto mais. Odeio o fato de ser consumido por ela, de depender dela e às vezes de ser quase incapaz de deter a minha compulsão de correr para ela, como se ali pudesse encontrar a resposta para tudo que é importante na minha vida.

#AMUDANÇAÉCONSTANTE

Pense na rapidez com que o mundo mudou durante o nosso tempo de vida na terra. Lembro-me de quando os celulares começaram a se tornar acessíveis. Eu me perguntava para que alguém haveria de querer um. Claro, pareciam equipamentos excelentes se você fosse médico ou estivesse de plantão 24 horas por dia, mas me lembro de haver concluído que a posse de um aparelho desse seria uma chateação. As pessoas conseguiriam me encontrar a qualquer hora.

Eu *jamais* haveria de querer um.

Como as coisas mudaram! Em vez de não querer um celular, hoje quase tenho um ataque de pânico se por acaso me esqueço do meu em casa ou no escritório. Pode parecer loucura para você (ou talvez você saiba *exatamente* do que estou falando), mas não gosto nem de deixar o celular em outro cômodo quando estou em casa. Posso perder uma ligação importante do dentista me lembrando da próxima consulta, ou de alguém perguntando se eu poderia consagrar seu novo gatinho ao Senhor. (A resposta é não.) Ou quem sabe eu perca a mensagem de texto de um dos meus filhos que estão no andar de cima de casa, querendo saber o que haverá no jantar — sim, sabe como é, algo *urgente*.

Cheguei ao ponto de *precisar* ter o meu celular por perto. É doentio, sei disso.

Uma ferramenta que evitei no início agora se transformou em um perfeito salva-vidas.

O *e-mail* é outra história. Lembro-me de ter criado a minha primeira conta de *e-mail* em 1997, gratuita, do provedor de Internet Juno. (Acredite ou não, esse primeiro endereço de *e-mail* continua ativo; é para onde mando tudo o que não quero ver.) A princípio, eu não tinha certeza de que *e-mail* fosse uma coisa adequada para mim. Claro, eu conseguia perceber por que as pessoas talvez necessitassem dele para os negócios, mas não havia ninguém com quem eu precisasse falar de computador para computador. Quem faz uma coisa dessa? Por que as pessoas não podiam pegar um telefone e ligar? Muito mais fácil e rápido, certo? Sim, adivinhou. Um ano depois eu me perguntava como alguém sobrevivia sem *e-mail*.

Não achei que necessitasse daquilo. Então senti que não podia mais viver sem ele.

Quando dei por mim, sentia-me como um prisioneiro.

Felizmente, o *e-mail* parece não ter mais a importância que já teve um dia (pelo menos entre os meus amigos e conhecidos). Agora todo mundo que realmente importa para mim consegue me encontrar diretamente por mensagem de texto. Continuo dependente do *e-mail*, mas a verdade é que não gosto muito dele. Sempre tenho a impressão de que não vou conseguir responder a todas as mensagens e, se passo umas duas horas sem conferir minha caixa de mensagens durante um dia de trabalho, preocupa-me quem poderia estar à espera de uma resposta minha.

Mas não posso negar as diversas maneiras pelas quais a tecnologia facilitou muito a nossa vida.

Costumávamos ter de pegar o carro e ir até o *shopping* para comprar roupas. Não faço isso há anos. Agora é *clique, clique, clique*, e acabo de comprar uma calça *jeans*, uma camisa e um par de tênis novos. A mesma coisa com o banco. Não tenho nenhuma necessidade de pegar o carro e ir para o fim da fila quando posso fazer as minhas transações *on-line*.

E o meu *smartphone* leva isso a um patamar superior. Ele é capaz de medir quantas calorias ingiro e quantos passos dou. Consegue me dizer a previsão do tempo em Bangladesh ou Paris, mostrar-me onde está a minha filha de 20 anos, ler a Bíblia para mim e preparar um sanduíche de maionese. (Está bem, essa última parte ele não faz. Pelo menos, não ainda.)

É inegável que a tecnologia melhora a nossa vida. O mesmo vale para as mídias sociais. Facebook, Twitter, Instagram, Snapchat, LinkedIn, Vine, Pinterest, Tumblr, NovoAppRecemCriadoporUmGarotoQualquernaCalifornia. O nosso mundo, indescritível de tão grande, se tornou infinitamente menor. Agora conseguimos nos reconectar com o nosso melhor amigo da segunda série de quem perdemos a pista décadas atrás. Podemos seguir tudo o que as nossas celebridades ou atletas profissionais favoritos têm a dizer, desde que seja em 140 caracteres ou menos. E podemos compartilhar *selfies* fazendo bico com todos os nossos seguidores.

Mas será que chegamos ao ponto em que tecnologia e as mídias sociais são capazes de nos prejudicar tanto quanto nos ajudam?

QUAL É O PROBLEMA?

Antes que você pense que este será um livro antitecnologia, que promove o boicote às mídias sociais, espero que consiga ouvir as batidas do coração por trás desta mensagem. Abraço tudo de bom que a nossa era tecnológica oferece. Podemos aprender sobre praticamente tudo o que tivermos vontade. Conectamo-nos com gente do mundo inteiro. E compartilhamos os nossos pensamentos, ideias e sentimentos sobre todos os assuntos, com todo mundo, em qualquer momento que desejarmos. Amo o que somos capazes de fazer com a tecnologia.

Como pastor, também amo que possamos usar a tecnologia para alcançar pessoas com as boas-novas do evangelho de formas magníficas. A maioria das pessoas presume que a última grande inovação da Bíblia aconteceu em 1455, quando Gutenberg inventou a prensa tipográfica. Mas os dispositivos móveis podem compartilhar mais cópias da Palavra de Deus agora do que Gutenberg jamais imaginou.

A nossa igreja, a LifeChurch.tv, criou o aplicativo YouVersion Bible em 2008. Até hoje, mais de 200 milhões de pessoas o baixaram gratuitamente em seus dispositivos móveis. Pela graça de Deus, até este momento, mais de 4 milhões de pessoas vêm fazendo o *download* por mês. Dada a generosidade de editores e tradutores, o nosso aplicativo da Bíblia compreende mais de mil versões em mais de 700 línguas e oferece a opção de milhares de planos de leitura da Bíblia. E, se você não sabe ou não gosta de ler, sem problema: o aplicativo é capaz até de ler as Escrituras para você.

Se você tem menos de 25 anos, esse mundo dos *cliques* eternos é tudo o que conhece de fato. Você nunca precisou pagar tarifa extra por ligações telefônicas de longa distância, muito menos precisou colocar fichas em um orelhão. É provável que desconheça a maioria dos números de telefone que usa todos os dias porque eles estão salvos no seu dispositivo móvel. As fitas cassetes, sem falar nos cartuchos de oito pistas, são artefatos históricos. É grande a probabilidade de que você nem saiba o que é um *pager* — algo pelo qual pode dar graças a Deus!

Aqueles, porém, com idade próxima à minha, com 40 ou mais anos, lembram-se de quando éramos obrigados a atender o telefone fixo (lembra-se dele, não?) sem saber quem estava chamando. E, se você tentasse ligar para alguém que estava usando o telefone no mesmo instante, ouvia um sinal de ocupado e precisava tentar de novo mais tarde. Se a pessoa não estivesse em casa, era impossível deixar uma mensagem de voz. Já imaginou uma coisa dessa? Como é que nos comunicávamos?

Os filmes só podiam ser vistos nos cinemas ou anos mais tarde, quando chegavam à TV. E você tinha de se sentar em frente à TV para vê-los. Se tivesse de ir ao banheiro, perdia uma parte da história. Comprávamos música ou em formato vinil ou plástico, que tocávamos em dispositivos especiais hoje encontrados em brechós de todo o país. Os computadores ocupavam meio cômodo e eram só para cientistas, engenheiros e contadores.

Ah, os bons e velhos tempos.

Na época, também travávamos diversas lutas e contávamos com várias distrações, como sempre, ao longo da história. Mas há algo diferente no que experimentamos agora. Alguns de nós começamos a sentir que algo está errado, mesmo que não consigamos identificar o quê. Ainda travamos lutas antiquíssimas contra a comparação, a inveja, o ciúme, a ganância, a luxúria e toda uma multiplicidade de vícios. Só que agora temos novas maneiras de fugir dessas lutas da "vida real" à medida que criamos novas batalhas nos mundos virtuais que habitamos. É a essa combinação que me refiro quando dizemos que estamos #naluta.

> Alguns de nós começamos a sentir que algo está errado, mesmo que não consigamos identificar o quê.

Conquanto eu não possa falar por você, enfim me disponho a reconhecer a verdade. Estou preso ao meu celular, viciado nos meus aplicativos favoritos e nas mídias sociais. A tecnologia tornou-se o centro da minha vida. A verdade é que eu não a controlo. Ela me controla. E não gosto disso.

PARA MELHOR OU PARA PIOR

Por intuição, sabemos que a tecnologia e as mídias sociais estão nos transformando. Para melhor ou para pior, elas transformam a maneira pela qual recebemos informação, nos relacionamos com as pessoas, nos vemos e possivelmente elas modificam até aquilo que valorizamos e cremos acerca de Deus.

Sem dúvida, a tecnologia está mudando a maneira com que nos relacionamos com as pessoas. Embora se faça acompanhar de diversos benefícios, ela também tem seus inconvenientes. O termo "amigo" evoluiu para designar até alguém que você nunca encontrou pessoalmente, mas que tem acesso às suas mídias sociais *on-line*. Por conseguinte, podemos definir a amizade em termos próprios baseados em quem seguimos, de quem somos "amigos", ou quem "curtimos". Estamos ficando viciados na gratificação imediata, ao mesmo tempo que tentamos controlar como as pessoas nos veem pelo que postamos, fotografamos e gravamos em vídeo. A comunicação sem edição, da vida real, assusta muita gente hoje, em especial jovens adultos acostumados a editar *e-mails*, textos e legendas.

Estudos recentes indicam que estamos mais conectados *on-line*, porém menos compassivos com as necessidades das pessoas reais. Isolamo-nos à medida que a profundidade dos nossos relacionamentos diminui. Almejamos a aprovação dos outros, sua atenção e afirmação, mas evitamos compartilhar qualquer coisa da nossa vida abaixo da superfície. Essas são apenas algumas questões que examinaremos neste livro.

RESTABELECENDO O #CONTROLE

Com essas lutas em mente, analisaremos oito valores bíblicos e como eles podem nos ajudar a restabelecer o equilíbrio na nossa vida, pondo fim ao nosso excesso doentio de confiança na tecnologia.

1. *Contentamento:* quanto mais compramos, menos satisfeitos ficamos. Estudos mostram que acompanhar as mídias sociais nos deixa com frequência deprimidos.
2. *Intimidade:* quanto mais interagimos *on-line*, mais ansiamos por intimidade face a face, porém mais esquiva ela se torna.

3. *Autenticidade:* quanto mais filtrada a nossa vida se torna, mais difícil é para nós sermos genuínos e transparentes.
4. *Compaixão:* quanto mais somos expostos à dor, mais difícil é nos importarmos. Tornamo-nos insensíveis ao sofrimento das pessoas à nossa volta e ao redor do mundo.
5. *Integridade:* somos tentados sem parar a ver coisas que profanam a pureza desejada por Deus.
6. *Encorajamento:* a crítica *on-line* constante incentiva a que nos concentremos nas fraquezas, nos defeitos e nos fracassos dos outros em vez de encorajá-los.
7. *Adoração:* Deus quer ser o primeiro na nossa vida, porém cada vez mais as pessoas têm dificuldade para seguir Jesus em um mundo voltado para si mesmo pelas lentes de uma *selfie*. Está na hora de derrubar todos os ídolos.
8. *Descanso:* temos o mundo na ponta dos dedos, e isso é avassalador de tão empolgante. Mas precisamos redescobrir o descanso e o isolamento.

> Mesmo que você nunca tenha postado nada em lugar algum, feito *upload* de nenhum arquivo ou comentado coisa alguma, ainda assim vive em um mundo voltado para si mesmo. E, no seu coração, você sabe que há muito mais do que vê.

Mesmo que você não seja um usuário regular das mídias sociais, ou que já tenha a tecnologia sob controle, este livro ainda pode falar ao seu coração porque todos batalhamos contra distrações, insatisfação e tentações espirituais. Mesmo que você nunca tenha postado nada em lugar algum, feito *upload* de nenhum arquivo ou comentado coisa alguma, ainda assim vive em um mundo voltado para si mesmo. E, no seu coração, você sabe que há muito mais do que vê.

Você ama a tecnologia e tudo o que ela oferece. Mas também a odeia.

Não sou capaz de provar o que digo, mas tenho algumas teorias que compartilharei para explicar por que odiamos as mídias sociais. De modo muito resumido, elas fazem que tudo tenha muito que ver conosco. Somos tragados pela ideia de medir a vida pela quantidade de seguidores que temos e por quem eles são. Queremos acreditar que não somos a soma das curtidas recebidas na nossa última postagem, mas ainda assim persiste a sensação de que os pequenos *cliques* são importantes. O estranho é que, quanto mais nos voltamos para nós mesmos, menos satisfeitos nos sentimos. E, quanto mais somos consumidos pelas coisas aqui da terra, mais nos sentimos vazios.

A razão disso é que fomos criados para mais — muito mais. Fomos criados não para a terra, mas para a eternidade. Fomos criados não para ser curtidos, mas para mostrar amor. Não para chamar atenção para nós mesmos, mas para dar glória a Deus. Fomos criados não para colecionar seguidores, mas para seguir Cristo.

Escrevo este livro porque é hora de sermos sinceros sobre as nossas lutas e de recuperarmos o controle sobre as incríveis ferramentas que a tecnologia nos oferece.

É hora de devolvermos a tecnologia a seu devido lugar.

É hora de amarmos a Deus de todo o coração.

Capítulo 1

Recuperando a satisfação
Na luta contra as comparações

A satisfação é a única riqueza verdadeira.
Alfred Nobel

Eu achava que tinha um montão de amigos. Sabe como é, amigos no trabalho, na igreja, no bairro. Almoçávamos juntos ou conversávamos sobre o treino de futebol dos nossos filhos, após o culto da igreja no domingo ou enquanto trabalhávamos no quintal. Então, depois do Facebook, consegui me conectar com amigos distantes e pessoas que conhecia do colégio e da faculdade. Mas hoje em dia todo mundo vive muito ocupado. Supostamente tenho mais de 300 amigos em todas as minhas páginas e *sites*. Mas na semana passada não consegui encontrar um único que pudesse se encontrar comigo para tomarmos um café. Nunca me senti tão solitária em toda a minha vida.
Carla S.

O meu amigo Steve é o sujeito mais competitivo que conheço. Não só precisa estar um passo à frente de tudo o que digo e faço, como também tem de postar no Twitter a respeito. E publicar uma *selfie* com qualquer que seja o prêmio que ganhou, com o casaco novo que comprou, ou no lugar superlegal que visitou. Eu costumava me sentir muito bem com a minha vida e com o que já tinha conquistado até aqui. Mas olho para Steve e sinto que jamais conseguirei alcançá-lo. Jamais contaria a ele uma coisa dessa — nem a ninguém que conheço —, mas isso me faz sentir um fracassado, como se eu não prestasse para nada.
John K.

Acho que se poderia dizer que sofro de eterno remorso de consumo. Sempre que estou prestes a comprar alguma coisa, ainda mais se for uma compra grande, gosto de pesquisar *on-line*, ler opiniões dos consumidores e reportagens especializadas. Só então visito diversos *sites* de compras, tentando encontrar o melhor preço antes de enfim informar os dados do meu cartão de crédito e clicar no botão "Comprar". Quando recebo o produto, no entanto, poucos dias mais tarde, sinto que gostaria de ter pedido outra coisa. Às vezes devolvo, só para começar todo o processo outra vez. Parece que não faz muita diferença se é um suéter, um processador de alimentos, algo para as crianças ou almofadas para o sofá. Nada nunca parece ser tão bom quanto eu esperava que fosse.
Sarah W.

1.1 EU QUERO FONZ[1]
Lembro-me da primeira vez em que fui esmagado pelas comparações.

Eu cursava o secundário em Beaumont, Texas, e ao menos uma vez na vida — por mais ou menos uma semana —, fui o rei do mundo. Fui a primeira criança da Marshall Middle School a ganhar um veículo motorizado de qualquer espécie. Os *scooters* [patinetes motorizados] são muito mais comuns hoje em dia, mas não é a esse tipo de máquina que me refiro. Chamar a minha mobilete vermelho-fogo de *scooter* seria um excesso de generosidade. A minha era do tipo que gosto de pensar como "original": em essência, uma bicicleta com motor. E se tratava de um motor dotado de um dispositivo automático que a impedia de alcançar mais de 40 quilômetros por hora, mesmo na descida. Na minha cabeça, no entanto, eu me imaginava correndo a 50. O problema é que a minha mobilete não tinha muita força para encarar subidas. Mas dispunha de pedais, de modo que eu podia acrescentar a minha própria força para vencer os desafios.

Quando eu andava com a minha mobilete, principalmente no plano, imaginava-me fazendo esplêndida figura, como um dos Filhos da Anarquia em cima de uma enorme Harley. Na verdade, ainda mais ao pedalar tão rápido quanto podia na subida, é provável que me parecesse mais com Nacho Libre.[2] Mas a minha aparência pouco importava

---
[1] Referência a uma personagem coadjuvante da série de TV norte-americana **Happy Days**, que logo se tornou principal quando começou a superar em popularidade as outras personagens. [N. do R.]
[2] **Filhos da Anarquia**, ou **Sons of Anarchy** no original, foi uma série de TV que retratava a vida dos integrantes de um clube de motociclistas do norte

25

porque Tiffany, uma garota que morava perto de casa, considerava a minha mobilete a coisa mais sensacional que existia. Eu prendia o capacete azul (lógico, para combinar com a mobilete), dobrava a esquina e percorria mais quatro quarteirões zunindo até a casa de Tiffany para apanhá-la. Ela subia na garupa, envolvia a minha cintura com os braços, e lá íamos nós em disparada a talvez uns 30 quilômetros por hora, em razão do peso extra, com o cabelo dela esvoaçando para trás. A vida era boa.

Até Brian Marquardt ganhar uma motocicleta.

Zuni para a casa de Tiffany, estacionei a minha querida *bike* na frente e caminhei todo pomposo até a porta para tocar a campainha. Tiffany atendeu e meio que fez cara feia para mim. "Oh", disse. "Hoje não vou passear com você."

"Por que não?", perguntei.

Ela segurou uma das mãos na frente dela para examinar as unhas perfeitas enquanto respondia: "Por que vou passear com o Brian".

Tive dificuldade para processar a informação.

"Mas pensei que nós... Quero dizer... Estou com o capacete aqui e tudo mais... E seu cabelo está tão bonito... E ele esvoaça atrás de nós... e..."

Apesar da minha exposição irrefutável, Tiffany me olhou como quem sente pena ou coisa parecida, balançou de leve a cabeça e disse apenas: "Não".

Fiquei parado no mesmo lugar, sem jeito, durante o que me pareceram vários segundos. "Brian Marquardt? Mesmo?"

---

da Califórnia. Nacho Libre, interpretado pelo ator Jack Black, é a personagem principal do filme de mesmo nome, no qual o cozinheiro de um monastério mexicano decide se inscrever em um torneio de luta livre. [N. do T.]

Ela me olhou como com desdém e respondeu: "Ouça; sinto muito, mas você... Bem, você é Richie Cunningham. E eu quero Fonz".

#Dóidemais.

Se você não sabe quem é Richie Cunningham ou Fonz, #tudobem #nãosepreocupe. Confio em que saberá diferenciar um do outro mesmo que nunca tenha assistido a um episódio de *Happy Days* [Dias felizes]. Passados todos esses anos, ainda penso naquele momento às vezes, o que demonstra como vamos longe com as comparações. A minha visão de quem eu era não combinava com o que Tiffany via, e isso me devastou. Eu não conseguia acreditar que não correspondesse às expectativas de alguém. Eu não era bom o suficiente. Essa experiência ainda tem potencial para me machucar, apesar de ser casado com uma mulher maravilhosa e de sermos incrivelmente abençoados.

Sei que não sou o único a experimentar esse tipo de sofrimento.

Pouco tempo atrás, em um dos jogos de futebol do meu filho, escutei duas mães conversando, uma falando que sentia inveja das coisas que via a outra postar nas mídias sociais. Uma trabalhava em período integral e disse quanto invejava a amiga que ficava o dia inteiro em casa. "Toda vez que vejo alguma coisa que você salvou no Pinterest, fico envergonhada. Você se dedica tanto aos seus filhos. Eles estão sempre sorridentes e felizes. E, quando vejo todas as atividades que pratica com eles, toda a arte fofa que você faz com eles e as deliciosas comidas preparadas em casa, sinto-me um grande fracasso como mãe."

A mãe que ficava em casa deu risada. "Você só pode estar brincando comigo! Não faz ideia de quanto tenho inveja de *você*! Todos os dias eu a vejo empenhada em fazer todo tipo de coisas interessantes — comparecendo a lugares diferentes, conhecendo gente nova. E você tem o melhor guarda-roupa do mundo — sou apaixonada pelos seus sapatos! Sério, acho que tenho sorte quando consigo tirar o pijama antes do meio-dia. Claro, amo os meus filhos, mas tenho a impressão de ser o tempo todo obrigada a inventar novidades para eles fazerem e assim impedir que me enlouqueçam. Sabe como é quando eles gritam 'Mamãe, isso aqui está muito chato!' "

As duas mães levam uma vida incrível.

Mas sentem inveja das coisas que os outros têm e elas não.

Se você está nas mídias sociais, sabe muito bem do que estou falando.

Você está sentado no seu sofá usando um suéter velho, deliciando-se com um prato de macarrão com queijo e com uma maçã no colo, mexendo no celular, quando vê a foto postada no Instagram por uma amiga do jantar *extraordinário* que ela está saboreando durante mais um encontro com um sujeito que ela acaba de conhecer. As velas emitem uma luminosidade linda, o cabelo dela está perfeito, e o vestido, será que é novo? O linho da toalha que cobre a mesa é tão branco que quase cintila, e o ambiente como um todo parece muito elegante. Sem dúvida ela se encontra em um belo restaurante de onde se descortina toda a cidade. A foto dela tem até moldura — e como ela conseguiu 200 curtidas em menos de uma hora?

Ou o seu amigo posta uma *selfie* da academia com a camiseta erguida para ter certeza de que você consiga enxergar o abdome de tanquinho refletido no espelho. Está prestes a começar a sequência de 300 quilos enquanto você, bem, você está em casa tentando livrar os *cupcakes* Hostess da falência.

Entendeu sobre o que estou falando?

Outra coisa que a tecnologia nos permite fazer é medir a nossa popularidade, em geral com uma precisão dolorosa. Na minha infância, a gente tinha de fazer uma estimativa de quanto era impopular: "Vejamos... Ninguém se senta comigo no refeitório. Até agora, já convidei três garotas para o baile do Dia dos Namorados e ouvi três 'nãos' taxativos como resposta. Perdi a eleição para monitor do corredor — de novo. Hummm... Alguma coisa me diz que não sou muito popular".

Hoje há dados empíricos capazes de dizer com precisão absoluta sua classificação: "Vejamos... Se tenho 73 seguidores, e a minha melhor amiga tem 423, significa que ela é quase seis vezes mais popular do que eu. Minhas três últimas fotos receberam 29, 33 e 18 curtidas. As últimas três fotos dela receberam 88 e 73 — e então ela chegou aos três dígitos com aquela estúpida foto com o filhotinho. #MinhaVidaÉUmaDroga".

Pode-se argumentar que nenhuma geração anterior lutou tanto contra a insatisfação quanto a nossa. Embora ainda tenhamos pobreza e desigualdade econômica, a vida cotidiana da maioria de nós é repleta de comodidades, oportunidades e abundância — às vezes em excesso. Contudo, não é preciso muito para nos sentirmos como se não recebêssemos tudo o que merecemos e para enfrentarmos o desapontamento. Acrescente a isso as mídias sociais, e o que você tem? Nunca tanta gente teve tanto e se sentiu tão insatisfeita.

Sociólogos apontam para a tecnologia como um fator importante para a nossa infelicidade constante. Somos o primeiro povo da História capaz de enxergar a vida dos outros em tempo real.

Nunca tanta gente teve tanto e se sentiu tão insatisfeita.

Carregamos pequeninos, mas poderosos dispositivos de mídia no bolso que nos capacitam a seguir a vida das pessoas através dos lugares a que vão, de fotografias e de vídeos.

E, se o que vemos na vida alheia parece melhor, mais interessante e mais satisfatório do que a nossa própria vida, temos a impressão de que perdemos alguma coisa. Claro, as páginas que seguimos podem não refletir a realidade. A maioria das pessoas deixa seu melhor lado à vista, mostrando apenas o que deseja que os outros vejam. Como explica o meu amigo e colega pastor Steven Furtick: "Comparamos os nossos bastidores com o centro do palco das outras pessoas". Depois de muitos cortes e Photoshop, de muitos filtros e edição, o que divisamos *on-line* dá à nossa realidade uma aparência desbotada e sem graça.

Não admira que nos sintamos insatisfeitos com tanta frequência.

Não importa o que tenhamos, isso não se compara com o que os outros aparentam ter.

1.2 #CAIANAREAL

Essa insatisfação não é algo com que somente eu tenho de lidar. Um estudo recente procurou quantificar como a exposição às mídias sociais afeta o humor das pessoas. Ao longo de duas semanas, pesquisadores de duas universidades monitoraram estudantes que usavam o Facebook com regularidade, fazendo-os completar pesquisas de satisfação com a vida cinco vezes por dia.[3] Depois que eles passavam algum tempo no Facebook, as pesquisas mostravam os estudantes consideravelmente menos satisfeitos e mais críticos em relação à própria vida do que antes. Os resultados também indicaram que mais de um terço dos voluntários para o teste se sentiram "bem piores" acerca de si mesmos quanto mais tempo ficavam no Facebook. Por quê? Não fomos projetados por Deus para buscar a imagem alheia; fomos projetados para buscar Deus. Quando passamos muito tempo nas mídias sociais, concentrados em como as pessoas apresentam sua vida, desviamos o olhar da bola, para usar uma das analogias com o beisebol do meu pai.

Como essa é uma questão bastante real para muitos de nós, gostaria de dar a você a oportunidade de #cairnareal comigo. Vamos reservar alguns minutos para expor qualquer insatisfação — outro nome que se dê à inveja — que talvez você esteja abrigando no coração. Examinaremos três categorias, e quero que você seja tão sincero quanto possível caso se veja em qualquer uma delas.

Primeiro, você tem problemas com a *inveja* material e *financeira*? Veja como saber se esse é o seu caso: quando um amigo posta no Twitter o carro novo que comprou, na mesma hora você se lembra da sua lata velha que mal dá partida? Ou digamos que alguém do trabalho publique a foto de uma praia. Seu primeiro pensamento é: *Espere um pouco...*

---

[3] HALL, Allan. "Facebook 'Makes You Feel Miserable and Jealous'", **DailyMail.com**, January 22, 2013. Disponível em: <http://www.dailymail.co.uk/sciencetech/article-2266317/Unsociable-networking-Researchers-say-checking-Facebook-make-miserable-jealous.html>. Acesso em: 23 dez. 2015, 11:52:46.

Essa não é a segunda viagem para a praia que ele faz este ano? (Não que você esteja contando, certo?) Ou digamos que a sua amiga poste mais um #diadefolga. Você então começa a rolar todas as postagens dela e de repente lhe ocorre — essa menina tem mais pares de sapatos do que a Zappos consegue vender *on-line* em um mês inteiro? Seja sincero: você luta contra a insatisfação material e financeira?

Segundo, você abriga alguma *inveja relacional*? Quando começam a aparecer na sua linha do tempo fotos de todos os seus amigos jantando fora — todas ao mesmo tempo —, você se pergunta: *Por que ninguém me convidou?* Talvez você não esteja em um relacionamento, mas gostaria de estar, e é primavera, e parece que todo mundo que você conhece está se casando. Parte de você quer se sentir feliz pelos amigos porque você realmente os ama. Mas, se você for sincero, também dói um pouco ver todos aos pares e sorridentes com os novos cônjuges. Você se sente excluído, negligenciado, desprezado?

O problema poderia ser o fato de você trabalhar em dois empregos, viver exausto só para manter a cabeça fora da água e ficar triste por não conseguir oferecer aos seus filhos todo o tempo e atenção que gostaria. E você tem aquele amigo que sempre parece acompanhar os filhos nos jogos, ou levá-los para o lago ou para o parque de diversões (de novo), ou mesmo fazer coisas simples como ler para eles na hora de deitar. Em vez de se sentir feliz pelo amigo, você sente culpa por tudo o que não pode fazer com seus filhos? Se essa costuma ser a sua reação, vamos chamar a sua atitude pelo que ela de fato é: inveja relacional.

Por fim, talvez você lute contra a *inveja circunstancial*. Você vê o que outras pessoas estão fazendo, onde trabalham, como vivem. Olha então para a sua vida e as suas circunstâncias e se pergunta por que você não tem as coisas que os outros têm, ou por que não consegue fazer o que eles fazem. Você pensa: *Nesta idade, eu acreditava que já seria mais bem-sucedido — ou, pelo menos, que estaria fazendo algo de que gostasse?*

Talvez você queira ter um filho, mas não enxerga a concretização dessa possibilidade tão cedo. Parece que toda vez que você olha para a sua linha do tempo, vê outra pessoa postando colagens de seus meses de gravidez ou da festa em que revelou o sexo do bebê. Você pensa: *Bem, opa-que-legal! O bolo deles era rosa por dentro!*? Se é assim, é provável que você esteja verde de inveja.

1.3 ALCANÇAR, CONQUISTAR, ACUMULAR

Para ser franco, a inveja circunstancial é mais difícil para mim do que as outras duas (financeira e relacional). Como pastor, trabalho aos finais de semana, sábado e domingo. Assim, quando estou "on", a maioria dos meus amigos e membros da igreja estão "off". Mal consigo olhar para as mídias sociais nos finais de semana porque tudo o que vejo é gente jogando futebol, ou *frisbee*, ou passeando de bicicleta, ou pulando ondas no Sea-Doos. Fico louco de inveja. Preciso tentar me convencer o tempo todo: *Bem, acho que vou salvar o mundo para a glória de Deus enquanto as pessoas estão por aí se divertindo e fazendo todas essas bobagens.* Mas a verdade é que me convencer disso não me faz sentir nada melhor.

Chuck Swindoll leva o crédito por ter dito que "A vida é 10% o que lhe acontece e 90% como você reage ao que acontece". Claro, a maioria de nós provavelmente sente que a vida é justamente o oposto. Vivemos como se ela fosse 90% (ou mais) do que nos acontece. E às vezes achamos que a nossa reação não faz a menor diferença.

Não consigo pensar em ninguém na História que tivesse melhor entendimento de como administrar as próprias reações do que o apóstolo Paulo. Na prisão romana, acorrentado 24 horas por dia a um guarda (eles se revezavam em turnos), Paulo escreveu as seguintes palavras: "Sei o que é passar necessidade e sei o que é ter fartura. Aprendi o segredo de viver contente em toda e qualquer situação, seja bem alimentado, seja com fome, tendo muito, ou passando necessidade. Tudo posso naquele que me fortalece" (Filipenses 4.12,13).

Vamos analisar essa declaração. Em essência, Paulo está dizendo: "Já vivi antes sem as coisas de que necessito. Mas também houve época em que tive mais do que o suficiente. A vida acontece em estações. Tive boas estações, quando tudo ia bem, e tive estações difíceis, quando nada ia bem. Em toda a minha vida, no entanto, aprendi que existe um segredo para estar satisfeito, sejam quais forem as circunstâncias no momento. E esse segredo é que posso fazer qualquer coisa e todas as coisas não pelo meu poder, mas por meio de Cristo. Ele é quem me dá a força para lidar com seja lá o que quer que cruzar o meu caminho".

> Você lutará contra a insatisfação até deixar que Cristo seja tudo aquilo de que necessita.

Não deixe passar despercebida essa verdade. Você lutará contra a insatisfação até deixar que Cristo seja tudo aquilo de que necessita. Não acredita em mim? Então prove que estou errado. Corra atrás de tudo o que sempre quis. Vá em frente. Eu o desafio. Eu o desafio duplamente. Vá e ganhe todo o dinheiro que puder. Compre tudo o que desejar. Alcance, conquista, acumule, repita. Isso soa familiar? Pode ser que você já tenha tentado algumas dessas coisas, ou ao menos conhece alguém que tentou. Nada disso funciona.

E no fim do dia, de todos os dias, você ainda se sentirá vazio.

1.4 TUDO AQUILO DE QUE VOCÊ NECESSITA

Talvez você não seja do tipo que se interessa muito por coisas materiais. Talvez o cenário que faz mais o seu estilo seja o das festas. Então tente seguir por esse caminho. Festeje até estourar os miolos. Vá em busca de cada arrepio, busque o máximo de prazer, alcance toda a alegria que puder encontrar. Adivinhe só: depois que a festa acaba, e todo mundo volta para casa, e uma ressaca de matar enfim começa a fazê-lo esmorecer, lá estará você, de volta ao ponto de partida, almejando mais.

Talvez você seja mais do tipo que se dá com todo mundo, mas não consegue encontrar a pessoa certa que satisfaça todas as suas necessidades. Portanto, continue tentando. Arrume um novo namorado ou namorada. Se a próxima pessoa não funcionar, tente outra. Se esse outro alguém ainda não diminuir o incômodo, talvez seja porque uma só pessoa não é suficiente. Troque todos os velhos amigos por novos. Seja popular. (Um montão de livros e *sites* da Internet promete ensiná-lo a fazer isso.) Quem sabe? Pode até ser que você fique famoso! Mas, depois que todo mundo vai embora e as luzes se apagam, será só você outra vez, sozinho, ainda solitário, ainda ansioso.

Se você pretende experimentar qualquer uma dessas coisas ou todas elas, certifique-se de aproveitar bem cada momento. Contrate o maior plano de dados que puder e colecione senhas de *wi-fi* a cada parada. Marque presença em todos os lugares descolados. Compartilhe cada pensamento inspirador que tiver, e cada piada que conhecer. Publique montes de fotos e vídeos também, claro. Jamais pare de compartilhar o que acontece à medida que o vive. Publique tudo *on-line* para o mundo inteiro ver. Colecione curtidas e amigos e seguidores até tudo se transformar em um único borrão indistinto. Seja agressivo até a vida real exceder todos os seus sonhos. E, mesmo depois de atingir o topo, uma coisa posso garantir: seu anseio por mais *nunca* cessará.

Por que não? Porque você foi criado para a eternidade, não para este mundo como o conhecemos. Nada do que existe sobre a terra jamais poderá satisfazer o anseio espiritual que você experimenta no interior, mesmo que consiga ter tudo.

Nada.

Lembro-me de, adolescente, anos antes de conhecer Cristo, ouvir as pessoas dizerem: "Deus criou um vazio no formato de Cristo dentro de cada pessoa". O ditado me aborrecia. Eu não entendia do que elas estavam falando. Mas então, um dia, aprendi por mim mesmo por que diziam aquilo: porque era a mais absoluta verdade. Nada fora de um relacionamento vivo com Cristo jamais pode preencher o vazio interior.

Você sabe que tem buscado. Estou aqui para dizer que o que você vem buscando é Cristo. Ele é a sua fonte. A sua força. O seu sustento. Ele é a sua alegria. O seu contentamento. O seu tudo em tudo.

> Quando Cristo é tudo o que você tem, afinal você compreende que ele é tudo aquilo de que você necessita.

Quando Cristo é tudo o que você tem, afinal você compreende que ele é tudo aquilo de que você necessita.

Tudo o que importa.

Se você continuar buscando, comparando e invejando, nunca terá o suficiente. Portanto, vamos estudar três maneiras pelas quais podemos nos ajudar a combater o pecado da inveja, tendo em mente que necessitaremos da força de Cristo para vencer a guerra.

1.5 ALÉM DA COMPARAÇÃO

Como vencer o forte impulso humano de comparar? Analisemos a primeira maneira de combater a inveja voltando-nos para a Bíblia: "Não temos a pretensão de nos igualar ou de nos comparar com alguns que se recomendam a si mesmos. Quando eles se medem e se comparam consigo mesmos, agem sem entendimento" (2Coríntios 10.12).

O pastor Andy Stanley explica isso de modo mais simples do que qualquer pessoa que conheço: "Não existe vitória nas comparações". Precisamos dar um basta nas nossas comparações porque elas são mais sérias do que a maioria de nós se dá conta. Vejamos mais uma passagem, e espero que você perceba o que estou querendo dizer: "Contudo, se vocês abrigam no coração inveja amarga e ambição egoísta, não se gloriem disso nem neguem a verdade. Esse tipo de 'sabedoria' não vem dos céus, mas é terrena; não é espiritual, mas é demoníaca. Pois onde há inveja e ambição egoísta, aí há confusão e toda espécie de males" (Tiago 3.14-16).

Observe que *sabedoria* está entre aspas, pois Tiago estava sendo sarcástico; essas atitudes não são sábias. Mas também note o seguinte: a inveja é demoníaca. Onde há inveja, há confusão. Onde há inveja, há *toda espécie de males*. Olhe bem para essas palavras. Demoníaca? Toda espécie de males? Isso é coisa séria. A inveja não é do céu. Ela é terrena. Não tem nada de espiritual. É demoníaca. Não quero tomar parte em atividades que a Bíblia chama de demoníacas. Você tampouco, tenho certeza. Tiago não diz: "Provavelmente seria uma boa ideia se você considerasse a possibilidade de tomar mais cuidado com a inveja". Ele afirma que, onde há inveja, há o mal.

> A inveja não é do céu. Ela é terrena. Não tem nada de espiritual. É demoníaca.

Ainda não se convenceu? Então o que você me diz dos Dez Mandamentos? Você sabe quais são, os "dez mais" de Deus, entre os quais se inclui "Não cobiçarás [...]" (Êxodo 20.17)? Não cobiçarás a casa do seu próximo. Nem a esposa do seu amigo. Nem o carro do seu colega de escritório. Nem algo ou alguém que pertença a outrem. Nem mesmo o gato deles. (Bem, agora estou dando a minha própria interpretação da Bíblia. Ela não diz nada ruim sobre gatos.)

A inveja não é só doentia. Aos olhos de Deus, é um pecado categórico. Precisamos dar um basta nas nossas comparações, porque nos comparar com os outros não é sábio.

Dar um basta nas comparações significa coisas diferentes na vida de pessoas diferentes. Como ser mais sincero consigo mesmo em relação às coisas que acionam o seu botão da inveja? Talvez seja hora de dar um tempo nas mídias sociais, ainda mais se elas alimentarem o pecado da inveja em você. Não estou dizendo que você deva jogar seu celular fora ou cancelar o *wi-fi* de casa. Mas, no mínimo, se você percebe que reage com inveja às postagens de determinadas pessoas, deve ocultá-las em sua linha do tempo. Deixe-me ser bem claro: acredito que o melhor é evitar por completo o botão da inveja. Falaremos mais sobre "desligar-se da tomada" no Capítulo 8, quando considerarmos o tema do descanso.

No entanto, se você não estiver disposto a se desconectar por algum tempo a fim de combater a inveja, permita-me apresentar algumas outras sugestões e levar a discussão além das mídias sociais. Quando você se põe a folhear o último catálogo que chegou a sua casa, acaba sempre querendo algo mais? Talvez você tenha de cancelar a assinatura desses catálogos, ou simplesmente jogá-los fora. Ou quantos aplicativos de compras estão instalados no seu celular? Você está viciado? Talvez devesse deletá-los. Você poderia parar de assistir a programas sobre cuidados com a casa e o jardim se não consegue evitar de pecar cada vez que aparece o palacete de alguém na tela da TV do seu apartamento patético de tão minúsculo.

Talvez você precise parar de ir à feira náutica, ou de carros, ou de caça, ou a qualquer feira que o leve a gastar mais tempo do que você sabe que deveria gastar desejando algo que não tem. É hora de dar um basta nas comparações e usar esse tempo para outra coisa.

Talvez você precise parar de olhar as postagens de determinados amigos no Facebook, porque tende a se sentir enciumado, com inveja ou desejoso de ter o mesmo, ou incapaz, insatisfeito e descontente com a vida em geral ao ver tudo o que eles parecem possuir. Por quê? Porque a inveja é como um fogo incontrolável, sempre consumindo e jamais extinto. É algo demoníaco. Ela põe "toda espécie de males" de emboscada no seu interior, incluindo a luxúria, esse anseio por algo mais que é insaciável.

O primeiro passo no combate à inveja consiste em considerar do que você pode e deve abrir mão. Escolha algo para *deixar* de fazer hoje. Por exemplo, deixe de conferir a linha do tempo do seu Facebook antes de deitar. Não publique a imagem de um prato delicioso de comida que foi servido a você no restaurante. Pare de retribuir a todos os que o seguem no LinkedIn, ainda mais quando for quem você não conhece. Pratique a atitude de dar um basta nesse comportamento vezes e mais vezes. Peça a outras pessoas à sua volta que o ajudem a parar. Comprometa-se consigo mesmo e com elas de que o fará. O passo seguinte mostrará como parar, o que facilitará o cumprimento do seu compromisso.

1.6 UM TIRO NO CORAÇÃO

Dar um basta nas comparações não significa apenas identificar as más influências na sua vida e extirpá-las. O segundo passo prático que você pode dar para acabar com as comparações é celebrar o sucesso dos outros. Ao ver alguém sendo abençoado da mesma maneira que você espera ser abençoado um dia, celebrar com essa pessoa pode purificar as intenções do seu coração.

Outra pessoa ficou com o emprego que você desejava? Experimente fazer a oração: "Deus, o Senhor deve ter tido um motivo para abençoá-la. Obrigado, Pai, por suas bênçãos na vida dessa pessoa". Ao ver alguém conseguir aquilo que você sempre quis, tente agradecer a Deus em vez de chafurdar na inveja: "Deus, muito obrigado por sua mão abençoadora estar sobre a vida dessa pessoa. Por favor, continue a abençoá-la". A celebração dispara um tiro mortífero contra o coração da inveja.

> A celebração dispara um tiro mortífero contra o coração da inveja.

Escrevi este livro em uma época bastante atarefada na minha vida. Eu ansiava de verdade pela próxima oportunidade de tirar férias em família e comecei a ver fotos *on-line* de um casal conhecido viajando fora do país. Dublin, Irlanda. Edimburgo, Escócia. Chegando ao topo das montanhas com seus *snowmobiles*. Atravessando geleiras. Na Islândia. Tudo isso da mesma viagem! "Obrigado, Pai, por estarem se divertindo tanto", orei. "Essa viagem é uma bênção muito grande para eles." Sufoque as chamas da inveja com um cobertor de gratidão.

Deixar de celebrar as bênçãos alheias também afeta como Deus opera na nossa vida. Na minha vidinha cotidiana, estou convencido de que, quando não posso celebrar pelos outros, na verdade limito o que Deus quer fazer por meu intermédio. A nossa igreja tem quase 20 anos de idade. Nesse tempo todo, temos sido abençoados vendo expandir o número de pessoas que somos capazes de alcançar — exceto por dois períodos. Quando olho para trás, para esses períodos em que não crescemos, reconheço que tanto em um quanto no outro eu carregava um pecado significativo no meu coração.

Em uma dessas épocas, além de não conseguirmos alcançar novas pessoas, na verdade perdemos algumas. A nossa igreja contava então com dois endereços, e eu costumava ir de carro de um para o outro nos domingos para pregar. No caminho, passava por uma pequena igreja. Era evidente a luta que ela travava, e só oito a dez carros ocupavam seu estacionamento a cada semana. Orei por eles algumas vezes, tipo: "Pai, abençoe essa igrejinha. Por favor, ajude-os a encontrar o caminho para dar passos mais largos". Contudo, para ser franco, no exato momento em que a oração passava pelos meus lábios, havia orgulho no meu coração. Pensava: *Uau! Que alegria saber que a nossa igreja não passa por uma situação como essa.* Era um orgulho meio doentio que envolvia contar com atenção os carros toda vez que passava por aquele lugar.

Não é o tipo de coisa que digo com frequência, mas acredito de verdade que Deus me falou a respeito disso. Para que fique muito claro: não estou dizendo que escutei a voz audível de Deus ribombando dentro do carro. Mas posso afirmar com toda a sinceridade que senti uma espécie de presença, um poder enchendo o carro, e ouvi claramente as seguintes palavras dentro da minha cabeça, proferidas por uma voz que não era a minha: "Você ficaria mesmo feliz se eu os abençoasse? E se os abençoasse mais do que venho abençoando vocês?".

Reconheci que as minhas respostas francas a tais perguntas não honrariam a Deus. "Que nada. Isso não me deixaria feliz de verdade. Abençoe-os muito, Deus. Apenas, por favor, não os abençoe tanto quanto o Senhor tem abençoado a nossa igreja". Senti o estômago embrulhar quando vi que o meu coração era impuro. O meu coração não estava preocupado com a edificação do Reino de Deus; estava mais preocupado em edificar o meu próprio reino. E esse é um lugar muito perigoso para um pastor.

Comecei a orar sobre o assunto no mesmo instante. Revirei a ideia na minha mente diversas vezes por vários dias. Então me arrependi com sinceridade. Clamei: "Deus, quero de verdade chegar a um ponto em que deseje que o Senhor abençoe outras igrejas mais do que tem abençoado a nossa". Deus honrou essa oração e mudou o meu coração, de modo que a minha vida passou a ser dedicada inteiramente ao seu Reino outra vez. E ele voltou a abençoar a nossa igreja com o crescimento.

Não tenho como provar a próxima afirmação que farei. Não está na Bíblia, portanto seja criterioso ao interpretá-la.

No meu coração, no entanto, vivo isso como uma verdade: talvez a razão pela qual Deus não o abençoa com algo que você deseja muito é por você não celebrar as bênçãos de Deus na vida de outra pessoa. Como não quero menosprezar as bênçãos de Deus na minha vida tomando-as como certas, quero sempre celebrá-las na vida dos outros, pois nos é dito: "Alegrem-se com os que se alegram" (Romanos 12.15). Não quero que a minha vida tenha que ver só comigo. Jesus nos chama para algo melhor, para algo mais elevado.

1.7 UMA FESTA CONTÍNUA

O terceiro modo de dar um basta nas comparações é mediante o cultivo da gratidão. Li uma excelente definição de inveja que dizia mais ou menos assim: inveja é ressentir-se contra a bondade de Deus sobre a vida de outra pessoa e ignorar sua bondade na nossa própria vida. Uma afirmação poderosa.

Falando nisso, eis outro versículo que eu amo sobre o assunto. Provérbios 15.15 diz: "Para quem tem o coração aflito a vida é só infelicidade" (*A Mensagem*).

Todos conhecemos gente assim. (Até você pode ser um pouco desse jeito.)

- "Meu, já estou até vendo, hoje o dia vai ser péssimo."
- "Que maravilha! Amanhã vai chover o dia inteiro."
- "Acabo de conferir os indicadores econômicos. A nossa economia está um bagaço, não resta a menor dúvida."
- "Os meus filhos são sempre muito difíceis. Todo dia é a mesma coisa."
- "Odeio este carro. Vai me deixar na mão qualquer dia desses. Já estou sentindo."

O aflito vê cada dia lhe trazendo mais problemas. Não enxerga as bênçãos porque seu copo está sempre meio vazio. Mas Provérbios 15.15 não para por aí. Essa é só a primeira metade. A segunda diz: "[...] Mas o coração bem-disposto está sempre em festa".

Quem começa o dia se sentindo miserável vive o mesmo dia que as pessoas de coração bem-disposto? Claro que sim! A diferença está no que essas pessoas procuram. Os aflitos procuram problemas — e os encontram. Gente de coração bem-disposto procura a bondade de Deus — e a encontra!

> Os aflitos procuram problemas — e os encontram. Gente de coração bem-disposto procura a bondade de Deus — e a encontra!

Se você quiser procurar o mal neste mundo, com certeza o encontrará em grande quantidade. Não é difícil achar problemas. Mas você já pensou na possibilidade de procurar o bem? A quantidade é a mesma, se não for maior. Basta procurar as bênçãos de Deus — e você as encontrará!

"O coração bem-disposto está sempre em festa."

Toda vez que leio este versículo, lembro-me do meu pai. De todos os motivos pelos quais admiro o meu pai — e são muitos —, o maior deles é sua perspectiva positiva da vida. Sempre que lhe telefono, ele diz a mesma coisa.

"Oi, pai, como vai?"

"Filho, a vida é boa!"

Essa é uma daquelas coisas que, quando jovem, costumavam me aborrecer. O meu pai dizia isso com tanta frequência que eu pensava que fosse automático, apenas um jeito seu de falar.

Lembro-me de quando ele lutava para se recuperar de um sério derrame que poderia ter-lhe tirado a vida. Muito preocupado, perguntei: "Oi, pai, como vai?".

Sem vacilar um segundo, ele respondeu: "Oh... (*cof, cof*), a vida é boa".

"Não parece boa agora, pai!"

"Como? Não, ela é boa."

Enfim, um dia conversei com ele sobre o assunto. Perguntei: "Pai, o senhor percebe que sempre diz 'A vida é boa', não importa o que esteja acontecendo? Não importa como o senhor está de fato se sentindo?".

Uma coisa engraçada no meu pai é que ele ama se comunicar usando metáforas de beisebol. Por exemplo, se estou pregando, ele diz que subi "no monte do lançador". Depois, em vez de me desejar "Boa pregação", ele fala: "Mantenha todo mundo de olhos grudados na bola". Quando me mostrei surpreso por ele se mostrar tão positivo mesmo enfrentando problemas sérios relacionados ao derrame, sua resposta foi: "Bem, Craig, digo que a vida é boa porque isso é verdade. Filho, você sabe que eu poderia ter morrido. Do meu ponto de vista, neste exato momento estou vivendo a prorrogação do meu jogo. Por isso, é verdade. A vida é mesmo boa".

Adoro isso! O meu pai diz "a vida é boa" porque acredita genuinamente que assim seja, haja o que houver. Está no seu coração. E ele tem toda a razão!

É tudo uma questão de perspectiva.

"O coração bem-disposto está sempre em festa."

Algumas pessoas acreditam que Salomão não apenas foi o homem mais rico da sua época, como também, levando em consideração coisas como inflação, distribuição de renda e densidade populacional, o mais rico de todos os tempos. Pois esse sujeito afirmou o seguinte: "Melhor é contentar-se com o que os olhos veem do que sonhar com o que se deseja" (Eclesiastes 6.9).

Você quer viver uma festa que não acaba mais? Contente-se com o que Deus dá a você, em vez de ansiar pelo que não tem. Seja grato pelo que Deus tem concedido a você, em vez de se ressentir do Instagram dos outros: "Oh, eu queria ter a vida deles!". Adivinha só? Eles anseiam por sua vida em sentidos de que você nem desconfia!

Na próxima vez em que se sentir tentado a reclamar "Odeio essa porcaria de carro", tente reverter a situação e orar: "Obrigado, Senhor, por ter um teto sobre a minha cabeça — e encanamento que funciona!". Você já se conscientizou de que metade da população mundial não conta com isso? Água limpa corrente dentro de casa? É incrível! Uma bênção importante dada por Deus, pela qual devemos e podemos ser gratos.

Você se sente tentado a protestar: "A minha vida está uma loucura neste momento. Vivo ocupado demais"? Por que há tanta coisa para fazer na sua vida? Porque você tem uma família? Porque tem filhos? Porque seus filhos saudáveis estão envolvidos em diversas atividades? Porque têm amigos de cuja companhia podem desfrutar? Porque você participa de uma comunidade pulsante com a qual sempre contribui? Em vez de protestar, tente orar: "Obrigado, Deus, por ter tantas oportunidades de abençoar outras pessoas. Obrigado por dar significado à minha vida. Sou muito grato porque o Senhor tem me presenteado com tanta gente com quem me importo".

Com a ajuda de Cristo, vamos dar um basta às comparações. A inveja é terrena, nada espiritual. Demoníaca. Toda espécie de mal está vinculada à inveja. Antes, celebremos as bênçãos que Deus confere aos outros. As mídias sociais deveriam ser um lugar para se ver o que acontece na vida das pessoas a quem amamos, não um local que nos torne invejosos. Alegremo-nos com quem se alegra. Cultivemos a gratidão.

Adoremos o nosso Deus não porque ele nos dá tudo que desejamos, mas porque ele é digno do nosso louvor. Adoremos a Deus porque aprendemos o segredo de estarmos contentes quer vivemos em plenitude, quer em necessidade. Esse segredo é que podemos todas as coisas por intermédio do Filho de Deus, Jesus Cristo, que nos fortalece.

Porque Jesus é tudo aquilo que precisamos, devemos buscá-lo de todo o nosso coração.

Só nele encontraremos verdadeira alegria e verdadeira satisfação.

Só ele é vida, e só ele satisfaz verdadeiramente.

Capítulo 2

Restaurando a intimidade
Na luta contra as "curtidas"

Os meus amigos falam que tenho
problemas com intimidade. Mas a verdade é que
eles não me conhecem de fato.
Garry Shandling

Depois de me formar, pensei que ficaria bem mais íntima das minhas amigas. O bom é que ainda consigo ver o que acontece na vida delas por meio das mídias sociais. Todos os dias recebo as atualizações mais recentes. Jennifer acaba de ter a segunda menina, a quem deu o nome de Chloe. Holly finalmente se formou em direito, depois de seis anos. E Katie e o marido voltaram agora das Bahamas. No entanto, mesmo sabendo tudo sobre elas, não me sinto mais íntima. Além de um rápido "olá" no chá de bebê da Jenn, não me lembro de quando foi a última vez em que conversei de verdade com qualquer uma delas. Agora a nossa grande reunião acontecerá

dentro de duas semanas, e nem tenho certeza se quero mesmo ir. Sobre o que conversaremos? Receio que o constrangimento será muito grande.
Michelle P.

Os relacionamentos reais acontecem devagar demais para mim, e a comunicação face a face é muito constrangedora. Por isso não marco mais muitos encontros. Talvez o meu problema seja a rapidez com que consigo me comunicar com as pessoas *on-line* e pelo celular. Quando mando mensagens ou converso com alguém, obtenho uma resposta imediata, sem ter de fingir ser educada ou paciente. Se o rapaz não responde à minha mensagem na hora, sei que não está interessado de verdade. Também posso ter mais controle sobre a conversa, dizendo apenas o que quero que a pessoa saiba. Nenhum dos dois se distrai com a linguagem corporal ou falando mais do que pretendia. Mas, sim, sinto falta dos momentos espontâneos quando se está com alguém — disso e da possibilidade de receber um abraço ou de segurar a mão de outra pessoa.
Jenny K.

Talvez o problema esteja no fato de eu ser competitivo, mas começo mesmo a ficar deprimido se não recebo pelo menos 100 curtidas quando posto uma foto no Instagram ou mudo o *status* no Facebook. Sempre quis que as pessoas gostassem de mim. Portanto, por alguma razão, sou completamente obcecado por receber aprovação alheia ao que digo ou posto *on-line*. Mas até eu sou capaz de reconhecer que na verdade isso não importa muito. E daí se o meu colega de quarto da faculdade curte uma foto minha e da minha esposa jantando em comemoração ao

nosso aniversário? Eu não deveria me importar, mas me importo. Na verdade, é provável que passe mais tempo tentando bater a foto perfeita para postar do que conversando de fato com a minha esposa.
Tom M.

2.1 #PERMANEÇACONECTADO

"Tenho muito orgulho de você."

Cinco palavras apenas. Foi tudo o que ela precisava para #DerreterOCoraçãoDoPapai. A minha filha de 21 anos, Catie, me mandou a mensagem às 8h22 da noite de domingo não fazia muito tempo. (Sei disso porque salvei a mensagem.) Foi um daqueles momentos especiais em que ela me surpreendia com o presente simples dessas cinco palavrinhas. Na ocasião, significou ainda mais para mim porque foi totalmente inesperado: Catie agora é uma mulher adulta que cuida da própria vida. Ao fato de ela pensar em mim, e de sentir *orgulho* de mim, dou mais importância do que Catie jamais poderia imaginar.

Um texto rápido foi tudo que precisei para sentir que #EstouFelizDemais #AmoEssaGarota #AVidaÉÓtima.

O fato é inegável. A tecnologia ajuda a nos comunicarmos de diversas maneiras espantosas — do outro lado do país, mundo afora, a qualquer hora, de dia ou à noite. Você já deve ter vivido momentos especiais como o meu com Catie, ocasiões em que uma mensagem amável, uma *selfie* engraçada ou uma chamada pelo FaceTime ergueu o seu ânimo.

Você também já deve ter notado como a Apple, a Samsung, a Microsoft e todas as empresas de tecnologia tiram proveito da maneira pela qual seus produtos nos mantêm conectados a amigos e familiares. Você sabe a que me refiro, àqueles comerciais em que os avós conversam com os netinhos por vídeo por meio de um *tablet*. Ou em que, na manhã de Natal, a mãe conversa com o pai servindo no Exército em algum lugar distante. Um comercial mostra um recém-nascido no quarto da maternidade sendo observado por membros ansiosos da família no exterior. Outro ainda mostra o pai que está longe, em viagem de negócios, lendo uma história para o filho na hora de dormir. É estranho, mas toda vez que vejo este último especificamente, alguma coisa acontece com os meus olhos, e eles começam a se encher de água. Muito estranho mesmo.

Talvez haja um anúncio publicitário específico que também mexa com você, que cale fundo no seu coração e o faça dar mais valor aos benefícios da nossa capacidade de telefonar, mandar mensagens, conversar pelo Skype, conversar *on-line*, postar e clicar. Se formos sinceros, no entanto, todos reconheceremos que, se a tecnologia aumenta muito a nossa capacidade de permanecer em contato com pessoas queridas, ao mesmo tempo esse contato não é a mesma coisa que estar junto de verdade e compartilhar com elas acontecimentos importantes.

Uma coisa é ver pelo FaceTime a festa de primeiro aniversário de um bebê. Outra coisa é saborear de fato o bolo, segurar o aniversariante no colo, sentir o sopro contra a vela e ouvi-lo rir junto ao seu ouvido quando você o abraça. Por mais que os fornecedores de tecnologia e as empresas de engenhocas desejem nos fazer acreditar que podemos permanecer conectados onde quer que estejamos, não é a mesma coisa que *estar presente*.

O impacto da tecnologia na nossa aptidão para nos relacionar, nos comunicar e nos conectar com outras pessoas inclui algumas consequências negativas involuntárias. Se quisermos ser bons despenseiros das incríveis habilidades que a tecnologia nos permite, precisamos navegar com muito cuidado. As mídias sociais permitem que nos conectemos com os outros de maneiras singulares e muitas vezes significativas. Mas, se gastamos todo o nosso tempo e energia *on-line*, perdemos a verdadeira intimidade com quem está à nossa volta. Ao mesmo tempo que permanecemos conectados a dezenas, centenas ou milhares de outras pessoas, muitas vezes nos apartamos dos relacionamentos interpessoais.

Nem sempre é esse o caso, claro. Na verdade, tudo depende de como escolhemos usar as mídias sociais e a tecnologia nos nossos relacionamentos. Temos visto na nossa igreja os frutos da prática do ministério por meio das mídias sociais e de outras formas de tecnologia, desde o compartilhamento das Escrituras e de pedidos de oração a simplesmente informar as pessoas maneiras pelas quais elas podem fazer a diferença. Eu seria capaz de ir longe a ponto de dizer tudo bem em amar a tecnologia. Mas precisamos saber administrá-la. Precisamos nos certificar de que a tecnologia melhora os nossos relacionamentos, não os substitui. De que a nossa capacidade de nos comunicar não nos leva a falar mais ao mesmo tempo que na verdade dizemos menos.

> Precisamos nos certificar de que a tecnologia melhora os nossos relacionamentos, não os substitui.

Devemos manter o foco em amar mais as pessoas e interagir de fato com elas em vez de apenas curtir o que postam.

2.2 PÉS MOLHADOS

Como a tecnologia vem transformando os seus relacionamentos?

Não quero que a importância dessa questão passe despercebida. Falo sério. Quero que você pense realmente a esse respeito, não só no sentido genérico, como um problema social no nosso mundo em transformação, mas como algo que o afeta, a *sua* vida, os *seus* relacionamentos.

Para ajudar você a refletir bem na questão, deixe-me compartilhar um teste decisivo que costumo utilizar. Trata-se de um critério que me lembra até que ponto almejo amar e servir quem está ao meu redor e o que significa amar, amar de verdade, não apenas "curtir". Depois de aplicar o teste, consigo determinar melhor se a tecnologia está ajudando ou atrapalhando quanto amo as pessoas.

Uma pequena cena da vida de Jesus chama a atenção para quanto nos amamos uns aos outros. Durante sua última refeição de Páscoa com os discípulos, aquela que convencionamos chamar de Última Ceia, e pouco antes de um de seus amigos mais próximos e seguidor, Judas, o trair, Jesus lavou os pés de seus discípulos (v. João 13.1-17).

Impossível enfatizar demais a importância desse gesto. Veja bem, lavar os pés de alguém era trabalho para um servo ou escravo. Os nobres e ricos dispunham de servos para desempenharem tarefas humildes como essa. Imagine o senhor chegando e chamando da porta da frente um servo para lhe lavar os pés, de modo que não levasse a sujeira das ruas para dentro de casa. Pois foi na posição de servo que Jesus escolheu se colocar. Jesus — o Filho de Deus em pessoa — lavou os pés de homens que nem nobres eram, mas sim 12 arruaceiros de pés imundos.

Jesus demonstrava assim seu amor por eles e seu compromisso para com eles. Queria deixar claro que não se considerava superior nem poderoso demais para realizar uma das tarefas mais humildes e pessoais que alguém pode desempenhar por outro alguém. Não surpreende, portanto, a sua declaração logo após a refeição: "Um novo mandamento dou a vocês: Amem-se uns aos outros. Como eu os amei, vocês devem amar-se uns aos outros. Com isso todos saberão que vocês são meus discípulos, se vocês se amarem uns aos outros" (João 13.34,35).

É importante considerar não só o que Jesus disse, mas também o que ele não disse. Observe que, de acordo com Jesus, "todos saberão que vocês são meus discípulos, se vocês se amarem uns aos outros".

Jesus *não* disse: "Todos saberão que vocês são meus discípulos se tiverem a tecnologia perfeita". Com certeza a tecnologia do bem é importante, mas não é como o mundo conseguirá ver que seguimos Cristo.

Jesus também *não* disse: "Todos saberão que vocês são meus discípulos se frequentarem a igreja com regularidade". Isso significa que não precisamos ir à igreja? Nada disso! Precisamos gastar tempo juntos para incentivarmos uns aos outros nas coisas de Deus (Hebreus 10.24,25). Mas tampouco o fato de frequentar a igreja mostra ao mundo que seguimos Jesus.

O mundo saberá que somos seus discípulos — de acordo com Jesus — se *nos amarmos uns aos outros*. Ele nos deu o exemplo lavando os pés dos discípulos, um gesto de humildade absoluta. Deveríamos tratar uns aos outros de modo que demonstrássemos que o amor sacrificial de Jesus vive no nosso coração. Só assim o mundo saberá que somos seus discípulos.

Também assim saberemos se a tecnologia está no seu devido lugar na nossa vida: por meio de quanto nos amamos uns aos outros. É difícil lavar os pés de alguém com um celular na mão.

Portanto, seja sincero consigo mesmo ao procurar ouvir a voz de Deus. Você manda *e-mails* quando um telefonema teria um significado bem maior? Digita uma rápida mensagem quando uma visita pessoal causaria profundo impacto em alguém que você ama? Sem querer, você negligenciou o uso dos seus dons para servir os outros por acalentar a esperança de que curtidas alheias satisfaçam a sua necessidade de ser notado? Quando foi a última vez em que enviou pelos correios um cartão de aniversário manuscrito, ou uma nota de agradecimento, em vez de se limitar a mandar uma mensagem de texto por ser mais fácil?

Jesus tem coisa melhor para nós. Talvez seja hora de deixar de lado os nossos dispositivos eletrônicos e pegar uma toalha para servir.

2.3 VOCÊ TEM UM "AMIGO"

Se você se perdeu na relação entre Jesus lavando os pés dos discípulos e o impacto da tecnologia sobre os relacionamentos, por favor, seja paciente comigo. Acho que compreenderá melhor a importância do exemplo de Cristo se analisarmos três das principais maneiras pelas quais a tecnologia está mudando a maneira com que nos relacionamos com as outras pessoas. À medida que explorarmos essas maneiras, considere como cada uma delas se aplica à sua vida e como você está usando a tecnologia e as mídias sociais para se relacionar.

1. O termo "amigo" está se modificando

Antigamente, quando alguém dizia que determinada pessoa era um amigo, você entendia com perfeição o que se estava querendo dizer. Amigo era quem compartilhava interesses ou laços comuns, alguém de que se gostava de ter por perto, com quem se convivia. Não é mais tão simples, é? Agora o amigo pode ser alguém que você nunca encontrou NVR (na vida real). Amigos podem ser pessoas que seguem tudo o que você posta nas mídias sociais. Se elas o seguem, mas você não retribui o favor, constituem um tipo de amigo. Se você as segue, mas são elas que não retribuem, constituem outro tipo de amigo. E, se vocês seguem uns aos outros, temos então um terceiro tipo de amigo.

Hoje em dia, o usuário norte-americano médio do Facebook tem 338 amigos virtuais.[1] Pesquisas indicam, no entanto, que o norte-americano médio tem apenas 2 amigos que considera próximos.[2] Por chocante que seja a estatística, considero outra ainda mais triste: 25% dos norte-americanos hoje afirmam ter *zero* amigos próximos![3] Essa luta é muito real. Importa mesmo que você conte com 338 amigos no Facebook se não tem ninguém com quem compartilhar a vida? Não estou nem falando sobre o tipo de amigo que o escuta

---

[1] SMITH, Aaron. "Six New Facts About Facebook", **Fact Tank**, Pew Research Center, February 3, 2014. Disponível em: <http://www.pewresearch.org/fact-tank/2014/02/03/6-new-facts-about-facebook>. Acesso em: 06 jan. 2016, 00:04:57.
[2] KORNBLUM, Janet. "Study: 25% of Americans Have No One to Confide In", **USA Today**, June 22, 2006. Disponível em: <http://usatoday30.usatoday.com/news/nation/2006-06-22-friendship_x.htm>. Acesso em: 06 jan. 2006, 00:12:36.
[3] Ibid.

quando você derrama o seu coração ou compartilha as suas lutas mais recentes. Muita gente não tem mais amigos com quem sair ou que apareçam sem avisar como uma surpresa bem-vinda. (Quando foi a última vez em que você fez isso na casa de alguém, ou fizeram em sua casa? A ideia soa amedrontadora?) Supõe-se que a tecnologia nos poupe tempo, todavia parecemos ter ainda menos tempo — pelo menos para nos relacionar de verdade com as pessoas. A nossa interatividade *on-line* é enorme, mas isso não significa que tenhamos alguma intimidade pessoal.

Amigo não significa mais a mesma coisa.

2. Estamos viciados em afirmação imediata

Digamos que você estivesse sozinho em casa nos velhos tempos (dez anos atrás), e começasse a se sentir um pouco solitário. O que faria? Você podia apanhar o telefone e ligar para um amigo. Podia até combinar de se encontrarem. Ou sair e visitar o vizinho do lado. Qualquer uma dessas alternativas era razoável, e todas muito fáceis de implementar, certo? Ao que parece, não o suficiente.

O que fazemos hoje quando nos sentimos sós? Mandamos mensagem para um amigo, postamos uma atualização ou compartilhamos a fotografia antiga predileta. Caso nos sintamos criativos de fato, navegamos à procura de coisas para postar no Pinterest ou fazemos um vídeo novo para o YouTube. Poderíamos tirar uma foto dos nossos *cookies* de raspas de chocolate caseiros (sem glúten, produtos geneticamente modificados, com o chocolate cortado manualmente e produzido com cacau orgânico) e compartilhá-la no Instagram. Ou podemos subir um pequeno vídeo para o Vine falando sobre o nosso tédio.

E então tem o meu predileto. Se estivermos entediados e solitários de verdade, sempre temos a nós próprios. Isso mesmo, podemos tirar uma *selfie* no meio do sofá. Se a motivação for grande, podemos ir ao banheiro e nos arrumar um pouco antes de tirar a *selfie* no espelho do banheiro. Desarrumamos o cabelo, fazemos biquinho (o famoso *duck face*) e inclinamos a cabeça para um lado. São fotos atrás de fotos na tentativa de encontrar a melhor luz, pois estamos determinados a conseguir a imagem "perfeita". Podemos chegar até mesmo a vestir o nosso traje mais elegante, procurar um local que passe a ideia "vocês adorariam saber onde estou agora", incorporar a nossa Tyra Banks interior e deixar o disparador automático correr solto.

Mas não precisamos parar por aqui. Podemos retocar as fotos, ajustar um pouco a luz, talvez usar um filtro. Estamos longe de ser perfeitos, mas sempre é possível manipular as fotos e, com a ajuda de aplicativos e filtros, criar uma imagem de nós mesmos que seja perfeita para o momento. E não se esqueça da indispensável legenda. É inspiradora? Inteligente, mas não de maneira evidente demais? É possível até acrescentar um versículo da Bíblia para garantir curtidas extras. Depois que tudo estiver no lugar — que rufem os tambores, por favor —, postamos afinal. Em seguida, é só atualizar a página compulsivamente, esperando alcançar o máximo de sucesso nas curtidas.

Mesmo que o número não seja muito grande, pode ser que recebamos alguns comentários engraçados. Sabe, coisas do tipo:

- "Que linda!"
- "Amei a camisa! Onde vc comprou?"

- "Ai meu deus... incrível *gamei*"
- "Onde vc está? Arrasou!! [emoji *sexy* sorrindo]"

O *feedback* costuma ser imediato. No entanto, o problema com esse tipo de *feedback* instantâneo, essa afirmação veloz, é que ele vicia. Mesmo quando sabemos que é superficial, mesmo quando não acreditamos que seu emissor é sincero em sua adulação, ainda assim adoramos recebê-lo. Para ser justo, a culpa não é nossa. Os cientistas dizem que ser objeto de uma afirmação positiva como essa libera dopamina, elemento químico presente no cérebro que nos dá uma espécie de sensação de euforia, um leve "barato". Como acontece com drogas similares, podemos nos viciar nessa emoção.

Se você não acredita em mim, pense na última vez em que postou uma *selfie* e não obteve grande reação — pelo menos na primeira hora. Lembra-se da sensação de vazio e das ideias que passaram pela sua mente?

- "Onde está todo mundo? O que há de errado com a minha foto?"
- "Quantos será que clicaram em cima dela? Por que não curtiram?"
- "Quem curtiu?"
- "Por que ela não curtiu? Ela nunca curte minhas fotos. Vou parar de curtir as suas. Continue assim, minha amiga, e acabarei deixando de seguir você."

Muitos de nós somos viciados em afirmação imediata. O que esse vício tem feito conosco? Como está afetando os nossos relacionamentos?

Os sociólogos chamam tudo isso de "solidão procrastinada". Tentamos satisfazer algumas carências de curto prazo, mas, no processo, procrastinamos uma necessidade mais profunda, mais a longo prazo. Fomos feitos para experimentar sentimentos intensos, às vezes difíceis, de solidão, para nos impulsionar em direção aos tipos de contato com outras pessoas que satisfaçam as nossas necessidades mais profundas, de longo prazo. Toda vez que buscamos afirmação instantânea, ignoramos a nossa condição humana básica de solidão e a *oportunidade de isolamento* que nos impele no sentido da amizade verdadeira, da intimidade real, primeiro com Deus e depois com os outros.

Portanto, o nosso vício em gratificação instantânea pode atrofiar o desenvolvimento dos nossos relacionamentos.

Vivemos para as curtidas, mas almejamos o amor.

Vivemos para as curtidas, mas almejamos o amor.

3. Temos o poder de impor os termos das amizades que fazemos

Não só muitos de nós têm mais amigos virtuais do que reais e estão viciados em gratificação imediata na conexão com eles, como enfrentamos mais um aspecto negativo das mídias sociais: o poder de impor os termos dos nossos relacionamentos. Deixe-me explicar o que isso significa. Digamos que o meu amigo Kevin me manda uma mensagem de texto. Tenho algumas opções, certo? Posso ler a mensagem dele de pronto ou deixar para fazê-lo mais tarde. Posso responder assim que a ler ou depois. Posso até optar por não responder em absoluto.

Tenho completo controle sobre o que faço — ou deixo de fazer.

Se o meu amigo Sam posta uma foto no Instagram, tenho o poder de decidir várias coisas. Por exemplo, a foto é digna de ser curtida? Vale o esforço extraordinário de bater o meu dedo duas vezes em cima dela? Ou devo simplesmente seguir em frente e rolar a tela para a próxima foto? Se for mais uma fotografia estúpida de gato, você já deve ter adivinhado o que farei.

Tenho pleno e total controle sobre essas amizades, que administro a distância. Se você for meu amigo *on-line*, só mostrarei as porções da minha vida que quiser que você veja e só contarei o que quiser contar a você. Se eu não quiser reagir a coisas que você escolheu me mostrar, não o farei. Se você postar fotografias demais dos produtos que fabrica, ou *selfies* demais fazendo bico, ou "citações inspiradoras" demais de pessoas que talvez nunca tenham dito aquilo (e você não se dá ao trabalho de conferir), ou fotos demais do seu gato fazendo bico, eu deixarei de o seguir. Temos o controle das nossas amizades *on-line*. E esse controle está mudando a maneira de administrarmos os nossos relacionamentos.

Amizade não significa mais o que significava no passado.

2.4 PRAZER EM CONHECER

Pelo menos duas vezes por ano, encontro alguns líderes de jovens da nossa igreja com o objetivo tanto de investir neles quanto de aprender com eles. Na última vez em que me reuni com esse grupo, conversamos um bom tempo sobre mídias sociais e relacionamentos. Alguém comentou: "Quanto mais uso as mídias sociais, mais anseio por interação pessoal".

"E com o restante de vocês?", eu quis saber. "Isso também acontece?"

A concordância foi unânime.

Outra pessoa disse: "Vivo mais conectado do que nunca, no entanto sinto-me muito mais solitário".

Por isso perguntei aos demais: "Isso vale para todos aqui?". De novo, eles balançaram a cabeça em sinal de anuência.

É quase como se fôssemos ratos de laboratório, comprimindo um botão compulsivamente para ganhar ração: *rola-rola-rola; rola a tela-rola a tela-rola a tela, clica-clica-clica, rola a tela-rola a tela-rola a tela, clica-clica-clica, rola a tela-rola a tela-rola a tela, clica-clica-clica*! Queremos algo mais, todavia nos falta disciplina para parar e dar de fato a oportunidade de nos envolver nos relacionamentos que sabemos que de fato desejamos. Pior ainda, não sabemos como sair daqui para chegar lá.

Não posso falar por você, mas, para ser muito franco, devo admitir que, quanto mais chafurdo nas mídias sociais, mais percebo que atraso a interação pessoal que tanto almejo. Também nunca estive mais conectado nem me senti tão sozinho como agora.

O autor de Hebreus escreveu: "Pensemos em como nos estimular uns aos outros ao amor e às boas obras" (Hebreus 10.24, *Almeida Século XXI*). Não seria incrível reunir-se com outros seguidores de Jesus e discutir o assunto? Poderíamos começar com: "Meus queridos, como podemos nos tornar agressivos na demonstração de amor uns para os outros a ponto de as pessoas chegarem a parar e pensar: *Ei, esses daí devem ser cristãos, pelo jeito com que se amam*"?

O autor de Hebreus prossegue e diz: "E não abandonemos a prática de comentar as postagens uns dos outros".

Oh, espere um pouco, espere um pouco... Sinto muito. Confundi-me completamente.

Não! Ele escreve: "Não abandonemos a prática de nos reunir" (v. 25).

"Não abandonemos a prática de nos reunir."

"Não abandonemos a prática de *nos reunir.*"

Temos descuidado dessa prática?

Se esta passagem não basta para convencer você, considere a amizade no contexto da fé cristã. Pense no que Jesus disse: "Pois onde se reunirem dois ou três em meu nome, ali eu estou no meio deles" (Mateus 18.20). Não é poderoso? Jesus nos promete que, sempre que nos reunirmos com outros cristãos em seu nome, experimentaremos sua presença real de um modo sobrenatural. Quer dizer que você não pode experimentá-la quando está só? Nada disso! Pode sim. Apenas algo maior, mais especial, mais poderoso acontece quando nos ajuntamos com outros cristãos para buscar Deus. Ao dar as mãos a alguém, ao se unirem na fé e se colocarem diante de Deus em seu trono, vocês experimentam seu poder e sua presença de um modo muito real (v. Atos 16.25,26).

Algo sobrenatural acontece quando nos reunimos com outros cristãos e levantamos mãos santas diante de Deus para adorá-lo (v. Êxodo 17.10-13). Algo sobrenatural acontece quando nos reunimos e, como os cristãos têm feito há séculos, abrimos a Palavra de Deus e lemos em voz alta (v. Neemias 8.1-12). Algo sobrenatural acontece quando unimos nossa fé e buscamos juntos Deus apaixonadamente em oração (v. Atos 12.11-14).

A presença é poderosa.

Pense no seguinte: Deus não gritou seu amor do céu. Ele o demonstrou na terra. Despiu-se de toda a glória celestial e tornou-se um de nós. Fez-se carne na pessoa de Jesus. Até mesmo um dos nomes que ele usa, Emanuel, tem o significado literal de "Deus conosco". Ele veio e viveu conosco. Amou quem os outros rejeitavam. Derramou o coração sobre pessoas que a comunidade religiosa dizia serem indignas. Andou — e até comeu — em companhia de coletores de impostos, pecadores e prostitutas.

> Deus não gritou seu amor do céu. Ele o demonstrou na terra.

2.5 PRESENTE PERFEITO

A presença é poderosa. Então por que tantos de nós nos contentamos com menos?

Vou sugerir dois exercícios práticos que você pode adotar desde já. Prometo que eles melhorarão drasticamente não só a qualidade dos seus relacionamentos, como a nossa cultura inteira. Você gostaria de ver o Espírito de Deus presente nos seus relacionamentos? Então eis por onde começar.

Reúna-se de verdade com as pessoas. Esteja fisicamente presente com os outros. Não por meio digital. Não no mundo virtual. Não apenas em um grupo de mensagens, mas no mesmo cômodo. Tome tempo para amar as pessoas face a face, não apenas de teclado para teclado. Se quiser radicalizar, não estabeleça um limite de tempo para ficarem juntos nem restrinja os assuntos que vocês discutirão. Em outras palavras, apenas *esteja* com alguém (não no sentido bíblico, bem entendido, a menos que vocês sejam casados um com o outro).

Paulo disse aos romanos: "Não finjam apenas amar aos outros: amem com sinceridade [...]" (Romanos 12.9, *Nova Bíblia Viva*). Não se limite a permanecer apenas no nível superficial com o qual tanto nos habituamos. Paulo continuou: "Amem-se uns aos outros com amor fraternal e tenham prazer em honrar uns aos outros" (v. 10). E prosseguiu: "Quando os filhos de Deus estiverem em necessidade, sejam vocês os primeiros a ajudá-los" (v. 13). Ame as pessoas. De verdade. Faça-se presente na vida delas.

Por exemplo, imagine que alguém que você conhece e ama está sofrendo. Talvez tenha recebido más notícias, como um diagnóstico médico ruim. Talvez não tenha conseguido ingressar na escola que esperava frequentar. Ou talvez tenha conseguido, mas agora o problema é a bolsa de estudos. Talvez um namorado ou namorada tenha acabado de romper com essa pessoa. Ou um amigo casado acaba de tomar conhecimento de um segredo terrível que seu cônjuge guardava. Qualquer que seja a dificuldade que o seu amigo ou ente querido esteja atravessando, qual seria uma maneira aceitável de lhe demonstrar amor?

Muita gente diria que disparar uma mensagem para ele seria ótimo: "Ei, com você nos meus pensamentos" ou "Estou orando por você! Avise-me se eu puder ajudar em alguma coisa".

Mas podemos fazer melhor do que isso. Se somos seguidores de Jesus e queremos que as pessoas nos conheçam pelo tanto que nos amamos uns aos outros, com certeza podemos pensar em alguma outra coisa para fazer. Sabe aquele dispositivo que você usa para mandar mensagens? Você talvez nem se lembre, mas que outra serventia ele tem? Isso mesmo! Você pode *conversar* de verdade por aquela coisa. É bem mais difícil, mas, se você procurar nos seus contatos e encontrar o número da pessoa, talvez consiga selecionar o número e telefonar para ela pelo celular. O que lhe dirá? Bem, isso é meio constrangedor. Recomendo começar com um "Ei, como você está?".

Quando a pessoa atender, você será capaz de ouvir de verdade o que ela tem a dizer. Escutará as palavras dela e perceberá o tom de sua voz, o qual também transmitirá a você alguma coisa. Em seguida, com base no que ela contar, você terá a oportunidade de fazer mais algumas perguntas. Prometo a você que uma conversa de pessoa para pessoa consegue produzir coisas que a troca de mensagens de texto jamais permitirá.

> Uma conversa de pessoa para pessoa consegue produzir coisas que a troca de mensagens de texto jamais permitirá.

Digamos que você resolva enlouquecer de vez — e esteja disposto a ir além. Nada de mandar apenas uma mensagem. Nada de só telefonar. De que outro modo você pode demonstrar amor? Indo visitar o seu amigo. Ora, você deve estar pensando: *Uau! Mais devagar aí, por favor!* Nada disso, falo sério. Você poderia entrar no seu carro. Ligar o *scooter*. Pular em cima da bicicleta e começar a pedalar.

Sente-se ao lado do seu amigo, cara a cara. Faça algumas perguntas e depois ouça. Se parecer apropriado, coloque a mão no ombro dele. Você pode até lhe segurar a mão por cima da mesa e orar com ele. Se acontecer de ele começar a chorar, bem, isso não será um problema, talvez apenas estivesse precisando desse desabafo. Envolva-o em um abraço. Ou, na versão para dois homens, dê-lhe um soco no braço para alegrá-lo. Seja como for, faça-o saber que você está ao lado dele.

A presença é poderosa.

2.6 PALAVRAS TÁCITAS

Eu tinha 28 anos de idade e acabávamos de abrir a nossa igreja quando outra família jovem vivenciou a morte trágica da filhinha de 3 anos. Na época, a nossa filha Catie tinha quase a mesma idade da filha que eles perderam. Portanto, não era difícil imaginar como eles se sentiam.

Fui visitá-los em casa, claro, sem fazer ideia do que dizer. Era jovem e estava nervoso, de modo que orei no carro durante todo o caminho: "Deus, por favor, dê-me as palavras certas para dizer. Isso é muito importante, Pai — por favor, ajuda-me a não pôr tudo a perder. Permita confortá-los com suas palavras, com seu amor".

Jamais me esquecerei de como foi entrar naquela casa. O pai, mais ou menos da minha idade, chorava pela filhinha que acabara de perder. Atravessei a sala em que ele se encontrava sem conseguir proferir uma única palavra. Então fiz a segunda melhor coisa que podia: sentei-me a seu lado e me pus a chorar. Ele já estava chorando baixinho, mas foi como se o meu choro de alguma forma lhe concedesse uma permissão, a liberdade necessária para se soltar de verdade. Assim, permanecemos ali sentados, chorando juntos, e nada mais.

Foi um choro "feio" mesmo. Alto, sem pudores, sentido. Dois pais de coração partido.

Minutos depois, a esposa entrou e se juntou a nós. Ficamos os três sentados na sala, não faço de ideia de por quanto tempo, soluçando sem parar. Senti-me mal por ter apenas isso a lhes oferecer. Acontece que não era nem um pouco difícil imaginar perder a minha preciosa Catie — nunca mais ver seu sorriso adorável outra vez, nunca mais poder contemplar aqueles olhos azuis da cor do céu —, o que me permitiu *sentir* a dor deles dentro de mim, como se fosse minha.

À medida que o nosso tempo juntos acabava, pensei: *Preciso tomar uma atitude mais pastoral, orar em favor deles ou algo assim.* Assim, fiz uma pequena oração patética. Não me lembro de nenhuma das palavras que disse, nem sei se poderia chamar aquilo de oração. O casal agradeceu a visita, mas imaginei que só estavam sendo educados. Entrei no carro e fui embora. Sentia-me o maior fracasso espiritual. Aquela família passava por seu tempo de maior necessidade, e eu não lhes oferecera nem uma palavra de conforto.

Então, poucos dias depois, algo impressionante aconteceu. Chegou um bilhete deles pelo correio. Escreveram: "Quando o senhor entrou na sala, sentimos como se o amor de Deus entrasse com o senhor". O bilhete expressava lindamente quão gratos eles se sentiam por eu ter ido até lá, quanto isso significara para eles e quanto a minha visita os ajudara. Em seguida eles acrescentaram algo de que jamais vou me esquecer: "Cada palavra que o senhor disse foi perfeita".

Exceto por uma rápida oração, eu não disse palavra alguma! Só o que fizemos foi ficar sentados e chorar juntos. Como isso pode ser perfeito? Então me ocorreu uma lição da qual nunca me esquecerei. A presença é poderosa. O fato de estar na companhia deles, sem dizer nada durante um momento de indescritível tristeza, transmitiu mais do que quaisquer palavras teriam sido capazes de fazer.

Tudo isso aconteceu antes que as mensagens de texto existissem. Mas quero que você reflita muito bem no assunto. Digamos que eu me sentasse e concatenasse as ideias, tomasse todo o tempo necessário para compor o texto perfeito, as palavras exatas para me expressar, então digitasse tudo e enviasse. Teria sido tão significativo para eles? Sem chance. Mesmo o texto perfeito jamais chegaria perto da importância da presença.

2.7 ENVOLVA-SE

Fazer-se fisicamente presente é importante. Mas encontrar-se com pessoas só para poder riscar um item de uma lista de afazeres, para poder dizer "Bem, eu tentei. Fui e me encontrei com outras pessoas, como você disse, mas acho que talvez não seja essa a minha natureza, simples assim", posso garantir a você que não fará nenhuma diferença na sua vida. Sim, faça-se fisicamente presente. Mas envolva-se emocionalmente também. Não marque presença apenas; esteja presente por inteiro.

"*O mais importante de tudo* é continuarem a mostrar um profundo amor uns pelos outros" (1Pedro 4.8, *Nova Bíblia Viva*).

Envolva-se profundamente. Mergulhe de cabeça. Certifique-se de que a pessoa com quem você está é a mais importante do mundo enquanto vocês estiverem juntos.

> Certifique-se de que a pessoa com quem você está é a mais importante do mundo enquanto vocês estiverem juntos.

As minhas filhas adolescentes convidam as amigas para virem em casa e se enchem de entusiasmo à medida que elas chegam, falam e riem todas ao mesmo tempo. Elas vão direto para a sala de estar, onde podem ficar à vontade em grandes poltronas ou no sofá. Sentam-se juntas umas das outras — algumas chegam a se recostar umas nas outras — e mantêm os olhos vidrados cada qual em sua própria telinha. Solitárias em grupo! Mas uma adolescente não tem o menor problema em mandar mensagens para uma amiga sentada a seu lado.

Nós, adultos, não somos nada melhores. Já nos vimos, ou — se formos sinceros — reconheceremos que já *fomos* aquela família no restaurante na qual cada integrante se manteve grudado em seu celular ou *tablet* — mandando mensagens, jogando, enviando *e-mails*, navegando ou fazendo seja o que for. Estamos perdendo a capacidade de nos relacionar uns com os outros de modo natural.

Se você ainda não está convencido da seriedade do problema, imagine o seguinte. Você e eu estamos tomando café em algum lugar. Conversamos por alguns minutos, e você abre o coração comigo. Até que, sem avisar, enfio a mão na minha mochila e saco dela um livro. Abro-o na posição do marcador e leio algumas páginas. Reposiciono então o marcador, fecho o livro, deixo-o de lado e digo: "Muito bem. Prossiga".

Você pensaria: *O que há de errado com esse sujeito?*

Você recomeça a falar comigo outra vez, e pareço ouvir por alguns minutos. Mas de repente enfio de novo a mão na mochila e tiro de seu interior a minha lista de afazeres e uma caneta. Rabisco algumas anotações enquanto murmuro: "Preciso comprar manteiga. Ligar de novo para o rapaz que arrumou o ar-condicionado. Quarta-feira: trocar o óleo do carro".

Guardo a lista na mochila, volto a encarar você e digo: "O que é mesmo que você estava dizendo? Continue. Não, está tudo bem. Apenas continue".

Você volta a falar e, depois de cerca de cinco minutos — de novo sem prévio aviso —, eu simplesmente me levanto, aproximo-me de outra mesa e digo para alguém: "Oi, como vai? Que bom ver você por aqui. Oh, obrigado! Você também. Está com uma aparência ótima, cara. Vamos pôr o papo em dia uma hora dessas. Até mais".

Então retorno para a nossa mesa.

Você há de pensar: *Qual o problema com esse sujeito? Há alguma coisa errada com ele? Como ele consegue ser assim grosseiro e desatento? Não sabe se comportar em sociedade? Nem o suficiente para fazer o pequeno esforço de prestar atenção em mim e tentar conversar?*

Você concorda comigo? Está entendendo aonde quero chegar? É exatamente o que fazemos com os nossos celulares — *o tempo todo*. E estamos de tal forma habituados a interromper a comunicação normal saudável com outras atividades e com outros seres humanos que de algum modo achamos tudo bem. Ficamos face a face com alguém importante para nós, mas, em vez de permanecer com essa pessoa o tempo inteiro, vamos para outros lugares de modo virtual, digital, eletrônico.

Estamos ali, mas não estamos presentes.

2.8 GENTE POR FORA

Não presuma que eu apenas não compreendo ou não gosto do nosso mundo tecnológico. Ei, tenho um *smartphone* também. Sou igual a você. Toda vez que ele vibra, toca, assobia, canta, bipa ou ecoa, alguma coisa dentro de mim não consegue evitar de tentar adivinhar: *Humm, o que foi isso? Será que é importante? Quem me mandou o quê? Preciso descobrir agora mesmo.*

Você já ouviu falar em FOMO? Existe de verdade. Li há pouco tempo que o FOMO foi acrescentado à edição mais recente de um popular dicionário de inglês. FOMO é o acrônimo da expressão inglesa *Fear of Missing Out*, ou "medo de ficar por fora". Foi cunhada por uma geração inteira de pessoas preocupadas o tempo todo com a possibilidade de ficar de fora de alguma coisa.

"Do que será que estou por fora?", perguntamos.

"Talvez eu esteja por fora da foto engraçada do gatinho de alguém."

"Talvez eu esteja por fora do último vídeo que se tornou viral. Amanhã todo mundo já o terá visto, e vou parecer um idiota porque não vi."

"Talvez eu esteja por fora do *trailer* de um filme que só será lançado dentro de oito meses."

"Talvez eu esteja por fora de uma citação muito inspiradora de alguém de quem nunca ouvi falar."

"Talvez eu esteja por fora de alguém ter curtido aquela foto que postei vinte minutos atrás."

Pergunte-se o seguinte: no fim da vida, importará mesmo quantas curtidas você recebeu? Você acredita sinceramente que um dia estará deitado no seu leito de morte pensando: *Se pelo menos mais três pessoas tivessem curtido a foto que postei daquele tomate estranho lá em 2015, eu teria atingido a marca das 100 curtidas. Cem. Três dígitos de curtidas. Oh, a vida teria sido tão boa. #MorroFeliz #DescansoEmPaz*?

A vida não tem nada que ver com a quantidade de curtidas que você recebe. Tem tudo que ver com a quantidade de amor que você demonstra. O único jeito de as pessoas saberem que você é um seguidor de Jesus é por todo o amor que você devotou aos outros.

> A vida não tem nada que ver com a quantidade de curtidas que você recebe. Tem tudo que ver com a quantidade de amor que você demonstra.

Os seus filhos imploram pela sua atenção? Eles têm demonstrado isso em ações? Pode ser que, em vez de postar *on-line* quanto eles o estão enlouquecendo, você devesse deixar o celular de lado e dedicar-se a eles face a face. Talvez você argumente: "Ora, eles estão fazendo a mesma coisa!

Não consigo desgrudá-los de seus dispositivos estúpidos!". Pode ser verdade. Mas você é o pai ou a mãe. É função sua ensinar os filhos a se envolverem na vida real a fim de que a tornem mais significativa do que qualquer outra coisa que possam estar procurando em uma tela.

Em vez do "medo de ficar por fora" *on-line*, o que você realmente deveria temer é ficar por fora da vida das pessoas que se encontram bem na sua frente. Talvez você esteja ficando por fora do crescimento dos próprios filhos. Por fora de desfrutar da intimidade do casamento. Por fora das amizades profundas cheias de significado. Seu medo de ficar por fora está fazendo que você fique por fora do que mais importa?

Descobrir essa resposta exigirá certo esforço da sua parte. (Entraremos em detalhes específicos no Capítulo 8.) Mas talvez seja hora de você seguir algumas regras básicas como as seguintes:

Toque de recolher para o celular às 10 da noite: os celulares entram em modo silencioso e são carregados em algum lugar fora da vista das pessoas da casa.

Quando estiver com a sua família ou com amigos próximos, os celulares entram em modo silencioso e nem sequer devem vibrar, além de ficarem virados para baixo. Ninguém pega o celular durante o jantar ou nas reuniões do pequeno grupo.

Pense bem na situação que vou descrever. Se você está na cama com a sua esposa, ambos no celular, e você manda para ela a mensagem "Está com vontade hoje?", é porque alguma coisa está errada. Ela responde: "Desculpe-me, esta noite não #dordecabeça". Se você não está rindo da história, talvez seja porque consegue imaginá-la acontecendo — se é que já não aconteceu.

"Filhinhos, não amemos de palavra nem de boca, mas em ação e em verdade" (1João 3.18).

Não ore apenas *em favor* das pessoas. Ore *com* as pessoas.

Não curta apenas o que elas postam. Curta quem elas são.

Envolve-se na vida dos outros.

A maior arma com que os seguidores de Jesus do século I contaram foi o amor uns pelos outros. O mundo exterior os perseguiu com tanta ferocidade que eles foram levados a um amor radical e unificante uns pelos outros. Se alguém entre eles passava por necessidades, alguém vendia parte dos bens e usava o dinheiro para satisfazê-la. As Escrituras dizem que eles eram tão generosos e tão amorosos que *não havia entre eles nenhum necessitado* (v. Atos 4.32-37).

Já imaginou? O mundo cético via isso e pensava: *Sabe de uma coisa? Não tenho muita certeza sobre essa história toda de Jesus ter ressuscitado dentre os mortos. Não tenho muita certeza de que acredito no que eles acreditam, mas com certeza gostaria de ter o que eles têm. Eles se amam e cuidam uns dos outros.*

É exatamente o que Jesus disse que aconteceria: "Todos saberão que vocês são meus discípulos, se vocês se amarem uns aos outros" (João 13.35).

Não saberão que você é discípulo dele pela quantidade de seguidores que você tem.

Não saberão que você é discípulo dele pela quantidade de curtidas que você recebe.

Não saberão que você é discípulo dele pela rapidez com que você responde aos seus *e-mails*.

Acredite se quiser, mas tampouco saberão que você é discípulo dele pela quantidade de versículos da Bíblia que você publica.

Não. Só saberão que você é discípulo de Jesus quando virem seu amor por meio dos atos que você pratica. Quando você se envolve na vida de outra pessoa, quando abre o coração e vive em companhia delas, é aí que elas verão em você algo que realmente querem. Então, quando perguntarem o que o torna tão diferente de todos os outros, você será capaz de dizer: "Deus deu seu filho para me perdoar dos meus pecados. Encontrei liberdade e vida nele, e é assim que sou capaz de demonstrar esse tipo de amor".

As pessoas não o conhecerão pelas suas curtidas.

Elas o conhecerão pelo amor de Jesus.

Capítulo 3

Revelando autenticidade
Na luta contra o controle

Sinceridade e transparência deixam você vulnerável.
Mesmo assim, seja sincero e transparente.
Madre Teresa

Tenho dois parceiros aos quais chamaria de melhores amigos. Se eu precisar de alguma coisa, tanto um quanto o outro estariam ao meu lado a qualquer hora do dia ou da noite. Mas nem eles sabem tudo a meu respeito. Claro, somos muito chegados, mas há coisas que não compartilho com ninguém. Gostaria de poder fazê-lo, ainda mais no que diz respeito a algumas das minhas lutas, alguns dos meus receios. Mas sabe como é..., parece arriscado. Tenho medo de que contar tudo sobre mim seja demais, seja constrangedor demais, ou apenas estranho demais. Por isso só andamos juntos. Por dentro, porém, fico incomodado porque sei que escondo as coisas.
Gary T.

Não sei quantas vezes já pensei "conhecer" alguém de verdade. Encontrava uma pessoa e em pouquíssimo tempo nos tornávamos as melhores amigas. Costumava me abrir em relação a tudo. Sabe, por exemplo, sobre os meninos de que gostava. Com o que sonhava. Pensava que seríamos amigas, mas alguma coisa sempre punha tudo a perder. Então as pessoas ficavam sabendo dos meus segredos e me faziam sentir vulnerável demais. Por isso sou muito reservada hoje em dia. É mais solitário, mas também me faz sentir mais segura.
Morgan A.

Todo mundo pensa que sou perfeita, e acho que é o que quero que pensem. As pessoas amam o que posto no Pinterest. E nas mídias sociais, bem, sei como deixar tudo lindo. Só tiro fotos em casa depois de limpar e pôr tudo no lugar. Só tiro fotos "naturais" dos meus filhos quando eles estão com a roupa combinando e com o cabelo penteado. O meu marido e eu costumamos sair apenas uma vez a cada dois meses, mas tiro várias fotos diferentes nessas ocasiões, que vou postando com o tempo para dar a impressão de que saímos muito mais. Nunca minto em relação a isso. Mas nunca deixo todo mundo saber que todas as fotografias são da mesma noite. A minha vida é muito diferente do que parece. Sinto-me sufocada o tempo todo. E gostaria que o meu marido e eu fôssemos bem mais próximos.
Julie J.

3.1 SORRIA PARA A CÂMERA

Se for como eu, imagino que considerava o pior dia de todo o ano escolar o mesmo que eu: o dia da fotografia.

Que dia horrível! Era o único do ano em que eu levava um pente para a escola, ou em que pensava na roupa que estava usando. Quando me mandavam sair da sala de aula e ir tirar a foto, no caminho eu parava um instante no banheiro para fazer alguns reparos de última hora na frente do espelho: afofar o cabelo atrás, endireitar no meio, levantar as laterais, treinar diversas vezes o meu sorriso mais "natural" — ora, você sabe do que estou falando.

Com um suspiro final, eu seguia para a sala onde o fotógrafo preparara seu equipamento, geralmente a biblioteca da escola. Com certeza haveria ao menos um guarda-chuva amarelo gigante com uma enorme luz irradiando calor de pelo menos uns 15 graus a mais que no resto do ambiente e uma paisagem muito falsa atrás.

Mas o pior era que a gente só podia tirar uma foto — uma só e mais nada. Ao "Um, dois, *três*!" do fotógrafo, seguia-se de imediato o *flash* ofuscante. Se você olhasse para o lado errado ou tivesse alguma coisa enfiada nos dentes, ou se uma dobra infeliz em sua camisa desse a impressão de que você era dotado de um terceiro mamilo, não importava. Seria esse o seu legado. Aquela fotografia única definiria o ano inteiro da sua sexta séria por toda a eternidade.

Na verdade, essa nem era a pior parte. Não, a pior era você não fazer ideia de como ficaria a sua fotografia. Não havia a gratificação instantânea de uma pequena tela digital em que pudesse conferir o resultado. Logo o mandavam de volta para a sala de aula e você era obrigado a esperar *semanas* — às vezes *meses* até — para a foto chegar. E, se os seus pais não tivessem dinheiro suficiente para comprar um dos estúpidos pacotes oferecidos pelo fotógrafo quando as fotos ficassem prontas, você não sabia como ficara até se ver estampado no livro do ano! Consegue perceber a minha dor? Hoje em dia as pessoas não conseguem nem imaginar o que era aquilo!

Mas agora as coisas são diferentes.

Você não precisa de um dia da fotografia para que tirem a sua foto para a escola. E definitivamente não precisa esperar muito tempo — talvez alguns segundos no máximo — para ver como ficou. Com tantas maneiras de postar fotos nas mídias sociais, você não precisa nem estar na escola para compartilhar quantas fotografias quiser com os amigos virtuais. Tampouco necessita de um bom motivo para tirar uma foto e publicá-la; *querer* fazê-lo já é motivo suficiente.

Isso nos leva a um dos aspectos mais interessantes da tecnologia e das mídias sociais: a *selfie*.

3.2 TUDO POR UMA *SELFIE*

Quando eu era criança, não existiam *selfies*. Até o termo é relativamente novo. Refere-se nada mais, nada menos, que a qualquer foto que você tira de *si mesmo*, geralmente com um celular ou *smartphone*. A maioria das pessoas posta *selfies on-line* para mostrar alguma coisa para os amigos: algo divertido que está fazendo, os amigos legais com quem estão saindo, as roupas novas que estão usando e como elas parecem e se sentem bem.

Conquanto as *selfies* estejam por aí há alguns anos, coincidindo com a chegada dos *smartphones* e das redes sociais, o fenômeno parece continuar crescendo. Até outubro de 2013, sob as formas mais variadas nas mídias sociais, as pessoas tinham postado 41 milhões de fotos associadas de alguma maneira à *hashtag selfie*. Você leu certo: 41 *milhões*.[1] E esse número segue explodindo. O uso da *hashtag selfie* já cresceu mais de 200% desde janeiro de 2013 (época em que não estava nem entre as 100 *hashtags* mais usadas no Instagram).[2]

Não é exagero dizer que nos tornamos uma cultura obcecada pela *selfie*.

Você pode tirar uma foto de si mesmo e, se necessário retocá-la, aplicar-lhe um filtro. A maioria dos *smartphones* agora tem ferramentas que permitem consertar pequenas áreas com problemas. Pode-se mudar a saturação das cores, aumentar o brilho da imagem, suavizá-la ou convertê-la em branco e preto. Pode-se até dar um fim nos olhos vermelhos e apagar o segundo queixo! Aliás, você pode mudar a cor dos seus olhos e levantar um pouco as bochechas.

> Não é exagero dizer que nos tornamos uma cultura obcecada pela *selfie*.

Quando eu era criança, se acontecia de estar com uma espinha no dia da fotografia, você era obrigado a conviver com ela pelo resto da vida, captada em cores vívidas. Agora basta editar a imagem para fazer desaparecer essa feia realidade e mudar a história! Podemos inclusive filtrar a nossa vida e dizer às pessoas: "Aqui está o meu eu *'photoshopado'* que eu quero que você veja".

3.3 A FORÇA DOS NÚMEROS

Tenho um colega de malhação que não usa mídias sociais. Ele sempre rola os olhos e balança a cabeça diante das

---

[1] BENNETT, Shea. "The #Selfie Phenomenon", **Social Times**, October 17, 2013. Disponível em: <http://www.mediabistro.com/alltwitter/the-selfie-phenomenon_b50630>. Acesso em: 10 jan. 2016, 23:36:15.
[2] Ibid.

pessoas que gastam tanto tempo brincando com o celular. Recentemente, quando cheguei para malhar, ele saiu correndo do vestiário e me chamou: "Craig, venha depressa! Você precisa ver isso! É um cara com o celular fazendo aquela coisa que você me explicou outro dia!".

Embora sem entender muito bem a que ele se referia, segui-o até o vestiário e olhei na direção em que ele apontava, onde ficavam os espelhos. Lá estava um rapaz de uns 20 e poucos anos, sem camisa, fazendo poses, flexionando os músculos e tirando uma foto atrás da outra de si mesmo refletido no espelho. Mantendo o celular no alto para conseguir o melhor ângulo (imagino eu), ele respirava fundo, flexionava os músculos do corpo inteiro ao exalar e batia dezenas de fotos. Mas o que tornava a cena como um todo tão bizarra, tão incrível, tão divertida, era que ele fazia isso sem parar. De novo e de novo e de novo. E de novo.

A princípio, o meu amigo e eu éramos os únicos observadores. Mas então outros dois rapazes pararam ao nosso lado a fim de apreciar o espetáculo. Logo uma pequena multidão de espectadores curiosos se reuniu (até o bom e velho sujeito pelado do vestiário se aproximou); éramos quase uma dúzia de homens de várias idades, todos estranhamente fascinados pela concentração desse único rapaz, por sua determinação implacável de capturar o peito musculoso em centenas de *selfies*.

Depois do que me pareceram vários minutos, fui até meu armário, vesti a roupa de ginástica e encontrei um rapaz da igreja. Ficamos conversando uns três ou quatro minutos e então nos despedimos. Ou seja, no total, pelo menos sete a oito minutos tinham se passado. Mas, quando dobrei o corredor para seguir para a sala de musculação, quem ainda estava ali?

O #HomemMúsculosDas*Selfies* continuava entretido com suas fotos!

Todavia, o que esse rapaz estava fazendo não é tão insólito assim. Ele é apenas um reflexo do mundo voltado para si mesmo no qual vivemos hoje. Tiramos foto atrás de foto de nós mesmos até obtermos a imagem perfeita; aplicamos então um filtro, talvez um aplicativo de edição ou corte, conforme o caso, até conseguirmos a imagem do jeito que desejávamos.

As *selfies* parecem bastante inofensivas, mas começo a me perguntar como a nossa obsessão estaria transformando a maneira de nos relacionarmos uns com os outros. Por exemplo, quanto maior é o número de filtros que aplicamos à nossa vida, mais mostramos aos outros apenas o "eu" que desejamos que vejam — e mais dificuldade encontramos para ser autênticos. Um estudo recente estabelece a relação entre o crescimento alarmante das cirurgias plásticas e o desejo dos pacientes de conseguirem "a *selfie* perfeita".[3]

No entanto, sabe o que é mais estranho de tudo? A nossa cultura nos diz o tempo todo que isso é perfeitamente aceitável. Depois de filtrar a sua fotografia, você tem de reservar tempo para criar a legenda perfeita. Precisa ser inteligente, mas não inteligente *demais*. Ao mesmo tempo que precisa acertar, você não pode dar a *impressão* de que se esforçou

---

[3] Gayomali, Chris. "Are Selfies Fueling a Plastic Surgery Boom?", **Fast Company**, December 2, 2014. Disponível em: <http://www.fastcompany.com/3039208/are-selfies-fueling-a-plastic-surgery-boom?partner=rss>. Acesso em: 11 jan. 2016, 00:11:57.

demais para isso. Depois tem de escolher a *hashtag* exata para produzir o impacto máximo. Afinal de contas, você está prestes a pôr seu eu filtrado em exposição para que o resto do mundo possa aprová-lo.

Em pouco tempo, contudo, pode acontecer de você se descobrir tentando imaginar se o mundo gostaria do seu verdadeiro eu.

3.4 FORA DO *SCRIPT*

As fotografias não são a única coisa que estamos nos acostumando a controlar, graças à tecnologia e às mídias sociais. Dispomos do luxo de enviar um artigo, um texto, uma mensagem no Twitter ou um *e-mail* para praticamente qualquer pessoa com quem desejamos nos comunicar. E podemos editar e revisar tanto quanto quisermos antes de fazê-lo.

O problema, contudo, é que muitos de nós têm filtrado a tal ponto as nossas mensagens que não nos sentimos mais confortáveis com a conversa real, sem *script*, espontânea. Acostumamo-nos de tal forma ao luxo de ser capazes de editar as coisas que dizemos que alguns de nós lutam de verdade quando precisam manter uma conversa normal, rotineira e diante de seres humanos reais. A tecnologia nos tem fornecido ferramentas sem precedentes na história humana, mas uma geração inteira está crescendo incomodada com conversas que não é capaz de controlar.

Pouco tempo atrás, encontrei-me com um grupo de jovens adultos para falar sobre como eles estruturam sua vida social, inclusive como usam a tecnologia todos os dias em seus relacionamentos. Todos disseram que, quando o celular toca, é maior a probabilidade de *não* atenderem do que de atenderem. Eles primeiro veem quem está chamando e só então decidem se desejam falar com a pessoa.

Acho isso interessante porque, quando eu tinha a idade deles, a opção de atender baseado em quem chamava não existia! Lembro-me de quando a "identificação de chamada" se tornou um serviço caro que podia ser acrescentado a uma linha de telefone fixa. Antes dessa maravilha tecnológica, não se fazia ideia de quem estava ligando quando o telefone tocava. Era preciso atender para descobrir quem estava do outro lado da linha. Portanto, éramos obrigados a conversar de verdade com a pessoa! Já imaginou uma coisa dessa?

Não havia como ter ideia do que a pessoa diria, ou do que ela poderia pedir. Por isso aprendíamos a improvisar, a reconhecer quais eram as expectativas sociais e a praticar a etiqueta do dia a dia. Lembro-me dos meus pais me ensinando "a etiqueta apropriada ao telefone" como parte das "boas maneiras" em geral. (Regra número um: jamais dizer que mamãe ou papai não pode atender agora porque está no banheiro.)

Mas hoje temos o luxo — difícil dizer se bênção ou maldição — de podermos decidir se queremos atender uma ligação com base em fatores que controlamos. Somos capazes de ver a ligação chegando ao nosso celular, de mandá-la direto para a caixa-postal, de esperar que a pessoa conclua a mensagem que está deixando e então ouvi-la logo em seguida ou esperar até mais tarde.

Há ainda mais opções de resposta. Podemos dar um telefonema de volta ou não. Mas o que fazemos muitos de nós? Respondemos com uma mensagem de texto. Por quê? Porque um texto nos permite manter o controle. Não precisamos falar — experimentar toda a ansiedade desnecessária de não saber aonde a conversa poderá chegar. Não precisamos estabelecer uma "conversa", em absoluto, se não quisermos.

Conversando com aqueles jovens adultos, indaguei: "Vocês se sentem pouco à vontade conversando?".

Uma moça respondeu: "Com certeza. Às vezes. Em especial se a conversa não tiver sido planejada. Fico muito nervosa quando preciso falar ao telefone. Por isso, às vezes escrevo um roteiro do que direi antes de ligar para alguém".

Não consegui acreditar nisso. "Sério mesmo?", insisti. "Para que tipo de telefonema você rascunha esses *scripts*? Quando faz isso?".

"Bem, digamos que eu precise ligar para pedir uma *pizza* ou algo do tipo", ela respondeu. "Anoto tudo: primeiro direi 'olá', em seguida registro como eles devem responder, de modo que então entra o que direi a seguir, do início ao fim. Fico mesmo muito nervosa em falar ao telefone."

Na verdade, a abordagem da garota não era tão extraordinária. Perguntei aos outros 25 jovens adultos ali presentes: "E quanto a vocês, pessoal? Quantos aqui traçam um roteiro para telefonemas cujo objetivo é, por exemplo, pedir uma *pizza*?". Provavelmente 75% dos presentes levantaram a mão.

Isso não deveria me surpreender, pelo simples fato de que ninguém requer desta geração que se comunique sem filtros. Eles se acostumaram a ter o controle completo de seu lado da conversa a ponto de até a ideia de abrir mão de parte desse controle ser perturbadora. O filtro permanece no lugar o tempo todo.

O problema, no entanto, é maior do que parece. Conquanto esses jovens adultos talvez experimentem os efeitos da tecnologia atual com maior intensidade, *todos* nós somos afetados por ela. Todos estamos nos esquecendo de como entabular conversas diárias. Todos estamos filtrando e editando a nossa vida e, quanto mais agimos assim, mais dificuldade encontramos para ser autênticos.

E, se não conseguirmos ser reais, estamos de fato vivendo?

3.5 POR TRÁS DO VÉU

Por estranho que pareça, esse tipo de resposta de controle/fuga não é exclusivo da tecnologia. Tampouco o problema é moderno; ele acontece desde que existem pessoas:

> Não somos como Moisés, que colocava um véu sobre a face para que os israelitas não contemplassem o resplendor que se desvanecia. Na verdade, a mente deles se fechou, pois até hoje o mesmo véu permanece quando é lida a antiga aliança. Não foi retirado, porque é somente em Cristo que ele é removido. De fato, até o dia de hoje, quando Moisés é lido, um véu cobre os seus corações. Mas, quando alguém se converte ao Senhor, o véu é retirado. Ora o Senhor é o Espírito e onde está o Espírito do Senhor ali há liberdade. E todos nós, que com a face descoberta contemplamos a glória do Senhor, segundo a sua imagem estamos sendo transformados com glória cada vez maior, a qual vem do Senhor, que é o Espírito (2Coríntios 3.13-18).

Nesta passagem, Paulo tenta mostrar aos coríntios como a nova aliança (a liberdade por meio de Cristo) é maior do que a antiga (a fidelidade à Lei). Ele faz referência a uma história do Antigo Testamento que se encontra em Êxodo 34.29-35. Moisés subira ao topo do monte Sinai, onde Deus lhe entregara os Dez Mandamentos. Ele passara quarenta dias na montanha com Deus, e, quando desceu, seu rosto brilhava — porque estivera na presença da glória do Senhor! (O mais perto que chego disso é quando me inflamo demais na pregação, e o meu rosto começa a reluzir de suor.)

Ao ler essa história, eu costumava pensar que Moisés usara o véu para proteger o povo da glória aterradora de Deus em seu rosto. Examinando o texto mais de perto, contudo, vemos que ele usava o véu não para proteger o povo, mas para impedi-lo de perceber que a glória *se desvanecia*. Tampouco Moisés, depois de contemplar a glória de Deus, queria que as pessoas soubessem que ele começava a perdê-la.

Portanto, Paulo traça uma comparação aqui (v. 2Coríntios 3.14-16). Quando a antiga aliança era lida, o povo judeu que não cria não conseguia enxergar a verdade. Por quê? Porque a descrença os cegava como um véu. No entanto, qualquer pessoa que se volta para Cristo compreende a verdade, pois ele remove o véu e revela a glória de Deus.

Talvez você se pergunte como essa passagem se aplica a nós hoje. Bem, a maioria de nós usa algum tipo de véu para esconder a verdade a seu próprio respeito. Tornamo-nos especialistas em filtrar a nossa vida, mostrando aos outros apenas o que desejamos que eles vejam. Isso parece com o que Paulo dá a entender que Moisés fez; ele escondeu do povo o fato de que a glória de Deus se desvanecia.

Essa tendência faz parte da nossa natureza pecaminosa. Quando estamos inseguros, não nos sentimos bem e, acima de tudo, quando pecamos, em vez de confessar, o que nos libertaria e curaria, temos a tendência de nos esconder, de vestir um véu, de filtrar a nossa vida.

Esse comportamento remonta ao jardim do Éden, quando Adão e Eva pecaram contra Deus. Eles não disseram logo: "Deus, sentimos muito. Não deveríamos ter agido assim". Nada disso. Gênesis 3.7-10 conta que eles se envergonharam por perceberem que se encontravam nus. Tiveram medo, de modo que se cobriram com folhas de figueira e se esconderam, talvez pensando algo do tipo: *Não queremos que Deus veja quem de fato somos*. Todos nos comportamos de modo parecido, seja nas mídias sociais, seja em outros relacionamentos. Criamos diversas versões de nós mesmos a fim de impressionar, manipular ou controlar as pessoas tanto quanto possível.

Sendo assim, como encontramos coragem para remover o nosso véu, revelar a verdade sobre nós e experimentar a liberdade de sermos nós mesmos? Paulo nos ensina: "Mas, quando alguém se converte ao Senhor, o véu é retirado" (2Coríntios 3.16). Não temos como fazê-lo sozinhos. Só Cristo pode retirar o véu.

3.6 SEM PÉ ATRÁS

Sinto-me muito grato por ter encontrado libertação de algo que escondi atrás de um véu por muito tempo. Eu era escravo da aprovação das pessoas. Contudo, pelo poder e pela graça de Deus, hoje desfruto de total e completa liberdade... para os meus pés. É verdade! Tenho pés de homem das cavernas. Uso sapato 44, e os meus dedos respondem por cerca de 40% dos pés. São tão grandes que cada um tem uma personalidade própria.

Desde que me entendo por gente, considero os dedos dos meus pés o meu pior traço físico. Eu sentia tanta vergonha deles que me sujeitava a tudo para mantê-los escondidos.

A minha esposa, Amy, e eu estamos em absoluta concordância com relação a essa política. Eu jamais poderia pedir melhor esposa, mas até ela diz: "Craig, amo tudo em você. Você é perfeito em todos os sentidos. Amo você do alto da cabeça à ponta dos seus tornozelos".

Amy tem consciência de que os meus pés são os mais feios do mundo. Às vezes ela me lembra: "Certifique-se de calçar as meias antes de entrar no nosso quarto".

A cena seguinte já aconteceu muitas vezes na nossa casa: estou sentado no sofá, vendo alguma coisa na TV ou lendo um livro, só de *shorts* — sem camisa, sem meias, sem sapatos. Se soa a campainha da porta, a minha esposa nunca exclama: "Vista uma camisa!".

Ela grita: "Cubra esses pés! Seja quem for, não quero que veja os seus dedos!".

Não é questão de maldade, mas de sinceridade.

Durante anos, senti-me constrangido por causa dos meus pés. É provável que você se surpreendesse ao descobrir como tenho ciúmes de quem consegue usar chinelos de dedo. Nunca usei nem sandálias e invejo as pessoas que podem expor os dedos nus à luz do sol.

Enfim, no último ano, tive um livramento. Pela primeira vez na vida, concluí: *Estou com 40 e poucos anos. Sou feliz no casamento. A minha esposa ama quase todas as partes do meu corpo. Por que devo me importar com o que as pessoas pensam?*

Por isso, comprei um par de sandálias, que uso sem vergonha. Já as usei em restaurantes. No parque. Claro, uma vez ou outra, alguma criança grita e chora e sai correndo, mas, onde está o Espírito do Senhor, aí há liberdade! E eu fui liberto.

Estou exagerando — mas só um pouco. Pode parecer uma tolice para você, mas foi mesmo uma luta na minha vida ao longo de décadas. É verdade absoluta que cobri com véus os dedos dos meus pés porque temia o que as pessoas poderiam pensar se vissem sua aparência ridícula. Por isso, deixe-me perguntar, com toda a seriedade:

Quais são os véus que você tem usado? Falo sério. Que imagem você tenta projetar da sua vida que não reflete o seu verdadeiro eu?

As mídias sociais praticamente nos adestram para que apresentemos um eu nada genuíno.

> As mídias sociais praticamente nos adestram para que apresentemos um eu nada genuíno.

Elas nos estimulam a dizer: "Sou um homem espiritual! Eis uma cópia de tela do meu celular com o versículo do dia da Bíblia na minha versão!".

Ou: "Sou uma mulher espiritual! Aqui está uma foto da minha xícara de café, com a Bíblia aberta bem do lado! Está vendo o meu marca-texto? O meu diário? Sou tão santa — e humilde!".

Na realidade da vida cotidiana, no entanto, você pode estar guardando o segredo de um pecado em curso. Ninguém sabe dele. Você nunca o confessou a uma única alma. Em parte, isso ocorre porque você espera ser capaz de ocultá-lo para sempre. Mas ele continua presente, todos os dias, a assombrar você, a mexer com a sua cabeça, a enlouquecer você.

Talvez você projete uma imagem no Pinterest que diz: "Sou a Supermãe! Vejam a foto da pilha enorme de coisas incríveis que cozinhei para o meu menino da terceira série angariar fundos na escola! Aqui estou eu com todos os meus três filhos no treino de futebol! Vejam como são fofas suas roupas!

E como eles têm o rosto limpo! E cada qual comendo seu lanche! E todos sorrindo!".

Enquanto isso, na vida cotidiana real, você se sente sufocada. Tem a impressão de que deve ser uma péssima mãe porque, embora faça tudo isso para os filhos, se sente exausta grande parte do tempo. Vive sobrecarregada de trabalho. É claro que não sobra tempo para quaisquer relacionamentos fora da família — com amigos, por exemplo. A sensação é de que você não tem vida. Baseado no seu exterior, o mundo inteiro a considera incrível. Mas ninguém consegue enxergar o lado de dentro, onde você sente que começa a desmoronar.

Ou talvez seu Facebook diga "Confiram minha página! Sou um bom pai! Aqui está uma *selfie* minha com o meu garoto no parque de *skate*! E aqui uma outra, no recital da minha menina! Nesta apareço empurrando os dois no balanço! É assim que se supõe que um bom pai aja! (Certo?)".

Mas o verdadeiro você se sente um fracasso como pai. Sabe que trabalha demais, mas é o único jeito de garantir a vida que você deseja que eles tenham. Você vive o tempo todo ocupado e distraído, pensando sempre em outras coisas, de modo que, mesmo na companhia da família, na verdade você não está com eles. Às vezes a irritação leva a melhor, e você acaba falando com eles de maneira ríspida.

Talvez as fotos do seu Instagram digam: "Comemoramos o nosso aniversário de casamento! Vejam como somos felizes juntos! Estão vendo aquele pôr do sol atrás da gente? Somos os melhores dos melhores amigos um do outro! Amo cobrir de beijos o meu benzinho! Temos o melhor casamento do mundo!".

Mas apenas cinco minutos se passam, e vocês discutem sobre onde tirar a próxima foto. Por você, nem tiraria mais foto nenhuma. Você odeia sua camisa. Só a vestiu porque ela o obrigou; afinal, foi o presente de aniversário que ela deu a você.

E ela está pensando em quanto o considera um ingrato. Nada do que faz para agradar a você parece bom o suficiente. Ela nunca pede nada. Mesmo assim, porque você sempre parece tão bravo?

A capacidade moderna que temos de administrar a nossa imagem incentiva e facilita o uso de véus que encubram a verdade.

3.7 O JOGO SILENCIOSO

As pessoas me contam que a única razão de postarem uma fotografia é a necessidade de postarem *alguma coisa*.

Já aconteceu de pensar alguma coisa assim? *Vejamos... Hoje não é #qds (quinta da saudade), então não posso usar uma foto antiga. Tenho de inventar algo novo. Hum... O que daria uma boa foto? Acho que se saíssemos para jantar. A verdade é que estamos meio sem dinheiro para isso agora, mas ao menos teríamos alguma coisa para fotografar e postar!*

#QueMaluquiceÉEssa? Muitos de nós estamos fazendo escolhas de vida só para criar uma sequência de momentos para as mídias sociais, e tudo por querer mostrar uma vida imaginária que, na nossa cabeça, é o que as pessoas querem ver.

Isso suscita a questão: "Craig, você está querendo dizer que deveríamos sempre ser 100% sinceros e mostrar tudo o que fazemos nas mídias sociais?". Sim e não. Sim, sempre deveríamos tentar ser sinceros. E não, não deveríamos mostrar tudo nas mídias sociais. Gosto do ponto de vista de Beth Moore: "Seja autêntico com todos. Transparente com a maioria. E íntimo com alguns".

Por exemplo, se no sábado à tarde, pouco antes de pregar no culto da noite, eu entrar no Twitter e disser "A mensagem que estou preparando me enche de entusiasmo! Mal posso esperar para pregá-la!", estarei declarando a mais pura verdade.

Mas creia-me; milhares de vezes eu *não* posto a verdade no Twitter. Não significa que eu minta. Apenas opto por não compartilhar o que estou pensando. Por exemplo, pouco tempo atrás, lembro-me de ter pensado: *Estou exausto. Mal-humorado. Nem sei mais qual foi a última vez em que tirei um dia de folga. Nem tenho ideia se a mensagem que estou prestes a pregar faz sentido! Ainda por cima, está acontecendo a feira estadual aqui na cidade. Metade da igreja se pendurará em brinquedos radicais, admirará vacas e comerá porcarias em vez de ir para o templo!*

No fim, a questão é a seguinte: tudo o que dizemos deve ser verdade, mas nem tudo o que é verdade deve ser dito. Se publico alguma coisa, ela deve ser verdade, mas não precisamos compartilhar tudo nas mídias sociais. Há quem exagere compartilhando tudo. Você conhece pessoas assim, certo? Falam demais, e a vontade que a gente tem é de lhes bradar "Calai vossa matraca". Ninguém quer conhecer tudo o que você pensa sobre cada pessoa que você conhece.

> Tudo o que dizemos deve ser verdade, mas nem tudo o que é verdade deve ser dito.

Certa vez, uma mulher escreveu no meu Facebook: "Ore pelo meu marido, ____". Meditemos um pouco sobre isso. No meio da minha página, que é pública, aparece o nome dela com uma pequena fotografia bem ao lado. E, nessa postagem, a mulher incluiu o nome completo do marido. Também explicou: "Ele é o maior idiota que já existiu. Não o suporto. Não quero continuar casada com ele nem mais um dia. A menos que o Senhor Jesus Cristo salve sua alma, não há lugar no meu coração para esse homem. Por favor, ore pelo meu marido".

De fato orei por ele. Orei porque está casado com ela! O que essa mulher fez não foi inteligente. Não foi proveitoso. E não foi produtivo. Seja sábio nas suas postagens.

Então sim, devemos remover os nossos véus e dizer a verdade. Mas as mídias sociais não são lugar para divulgar tudo! Seja você mesmo, mas não se sinta obrigado a compartilhar tudo o que sente. Ser autêntico não tem que ver com a adoção de uma brutal sinceridade e beligerância por tudo o que passa pela sua cabeça. Mas por favor — no momento certo, com as pessoas certas e face a face — deixe cair o véu por completo. Se você não o fizer, andará sempre ansioso por algo mais.

Ao vestir o seu véu e postar algo esperando curtidas e afirmação, mesmo que as receba, você ainda se sentirá vazio, porque não estará sendo real com as pessoas *acerca de si mesmo*. No entanto, o lugar para se mostrar vulnerável é onde Deus deseja que você seja vulnerável: no contexto dos relacionamentos privados, revigorantes, saudáveis, que honram o Senhor.

"Na verdade a mente deles se fechou [...] um véu cobre os seus corações" (2Coríntios 3.14,15). Note o seguinte: o véu que primeiro cobre o rosto acaba cobrindo o coração. Começa como simples cobertura superficial, a tentativa de encobrir um problema em vez de encará-lo de frente. Se não for tratado, porém, o problema oculto pode se tornar uma séria condição espiritual.

3.8 RENUNCIE ÀS SUAS *SELFIES*

É hora de remover os véus e tirar os filtros. Mas não será fácil fazê-lo. Você pode ter segredos ocultos há décadas. Pode ter véus sobre véus. Pode estar desempenhando um papel e interpretando uma personagem, mas, no fundo do seu coração, sabe que não é quem apresenta ao mundo.

O perigo está em acabar nos habituando a exibir nosso eu filtrado, às meias verdades e aos exageros, a ponto de nem mais saber quem é o nosso verdadeiro eu. Você é uma pessoa em um grupo e alguém diferente em outro? Até mostrar quem é de fato, até se conhecer e se fazer plenamente conhecido, você ansiará por algo mais.

Quando estamos sempre debaixo de filtros, quando toda *selfie* mostra apenas o nosso melhor lado, podemos impressionar algumas pessoas parte do tempo. Talvez elas pensem: *Baseado em seu Twitter, gosto muito desse sujeito.* Mas não é real. Você não se conecta a elas de verdade. Nem elas a você. Queremos muito nos conectar com os outros e pensamos que a melhor maneira de fazê-lo é ostentando os nossos pontos fortes. Mas não é assim que funciona. Eis por quê:

Conectamo-nos de verdade com as pessoas por meio das nossas fraquezas. Podemos impressioná-las com os nossos pontos fortes, mas nos conectamos por meio dos pontos fracos.

Deixe-me explicar o que estou querendo dizer. Já aconteceu de você conhecer uma pessoa, examiná-la mentalmente e pensar na vida que ela parece ter? Ela está bem para a idade. Seu cônjuge é atraente. Seus filhos dão a impressão de serem maravilhosos. Parece que tudo vai bem na vida deles. Em vários sentidos, eles aparentam viver os sonhos que você acalenta. A que conclusão você chega? *Esse pessoal é tão... perfeito. Acho que não gosto deles!* Certo?

Não é tentador agir assim? Todavia, depois de passar mais tempo na companhia deles e de vê-los em diversas circunstâncias diferentes, você começa a conhecê-los melhor e percebe: Oh, jamais imaginaria que eles *enfrentam algumas das mesmas dificuldades que eu enfrento. São humanos, afinal de contas. Sabe de uma coisa? Gosto muito desse pessoal!*

Por quê? Porque conectamo-nos por meio das nossas fraquezas.

Agora que falamos de igual para igual em relação a estar #naluta, o que fazer? Para onde ir? Como "desligamos" o desejo de filtrar constantemente quem mostramos ser para o mundo? Geralmente, essa é a parte de um capítulo em que tento dar a você alguns conselhos práticos. Eu poderia oferecer algumas sugestões sólidas e diretas como:

- Não use filtro em todas as suas fotos.
- Procure não se importar tanto com o que as pessoas pensam.
- Se os dedos dos seus pés forem muito compridos, não se envergonhe. Calce uma sandália e vamos sair por aí.

Todos se qualificam como conselhos sólidos. Mas a verdade é que você pode conseguir outros tantos iguais a esses em qualquer parte. Eu preferiria muito mais dar a você conselhos piedosos, compartilhar uma sabedoria que só pode vir de uma fonte: a Palavra de Deus. Consigo apresentar a solução para os problemas deste capítulo inteiro em uma frase simples. Se você não levar consigo mais nada, quero me certificar de que leve ao menos isto: só Cristo pode remover o véu.

Isso mesmo. Quando nos convertemos a Cristo, ele remove o véu.

Talvez você se sinta exausto. Já tentou tudo em que conseguiu pensar, e isso o cansa. Procurou afirmação em toda parte que foi possível. Voltou-se para uma pessoa atrás da outra, mas ainda não encontrou o que almeja. Esta é a promessa que você tem da parte de Deus, direto de sua Palavra: você não precisa remover o véu. Quando você se converte a Cristo, ele faz isso em seu lugar!

Então você pode deixar a máscara cair afinal, pois não recebe a sua aprovação das curtidas; ela chega a você do amor de Cristo. Você não mais viverá *para* a aprovação das pessoas, mas *da* aprovação de Deus. Ele revelará a verdade: você é aceitável para Deus por meio de Jesus. Você é a justiça de Deus em Cristo. Sua graça e sua justiça bastam para você.

Ao se dar conta de que Cristo é tudo o que você tem, você descobre também que ele é tudo aquilo de que necessita. Você não precisa da aprovação alheia porque tem a aprovação de Cristo. Ao se converter a Jesus, você tem o mesmo Espírito que o ressuscitou dos mortos vivendo no seu interior. A sua identidade não está ligada à quantidade de seguidores que você consegue reunir. Ela é fruto de quem você segue, e esse alguém é Jesus.

> A sua identidade é fruto de quem você segue, e esse alguém é Jesus.

> Ora o Senhor é o Espírito e, onde está o Espírito do Senhor ali há liberdade. E todos nós, que com a descoberta contemplamos a glória do Senhor, segundo a sua imagem estamos sendo transformados com glória cada vez maior, a qual vem do Senhor, que é o Espírito (2Coríntios 3.17,18).

Você já experimentou o Espírito de Deus? Alguma vez o invocou? Convidou-o a vir e viver no seu interior? Ao fazê-lo, você experimenta liberdade. A partir do momento em que todos nós deixarmos cair o véu — porque a nossa vida é melhor quando estamos juntos, quando agimos como o Corpo de Cristo, quando permitimos uns aos outros enxergar o nosso "verdadeiro" eu —, então veremos de fato a glória do Senhor.

Por quê? Porque a questão não é você e eu. Nem as nossas *selfies*. A razão pela qual existimos é dar glória a *ele*. Quando o fazemos, esse trecho das Escrituras diz que começamos a ser transformados — não na pessoa que, na nossa cabeça, os outros desejam que sejamos, mas *na imagem de Deus*, resultando em *glória sempre crescente*.

Converta-se a Cristo.

Ele removerá o seu véu.

Ele o transformará na imagem de Cristo, não para a aprovação das pessoas, mas para a glória de Deus. Não somos chamados para crescer (v. João 3.30); somos chamados para negar a nós mesmos e segui-lo (v. Lucas 9.23,24). O caminho para seguir Jesus em um mundo voltado para si mesmo pelas lentes de uma *selfie* é dar-lhe glória em tudo o que fazemos.

Renuncie às suas *selfies*.

Deixe Jesus remover o seu véu.

Capítulo 4

Ressuscitando a compaixão
Na luta contra a insensibilidade

Compaixão é a consciência de que nunca haverá paz e alegria de verdade para mim até que finalmente haja paz e alegria para você também.
Frederick Buechner

Após a morte do meu avô, entrei *on-line* e postei sobre como me sentia triste. Em questão de minutos, todos os meus amigos comentaram e disseram que me amavam, que orariam por mim e coisas desse tipo. Isso me fez sentir muito bem na hora. Mais tarde, no entanto, quando encontrei os meus amigos, ninguém tocou no assunto da morte do meu avô. Nem um deles perguntou o que acontecera nem como eu estava. Nem um. Fiquei com a impressão de que os meus amigos não se importavam de verdade.
Meagan M.

Cansei de todo mundo postando sobre a grande novidade do momento. Na semana passada mesmo, um sujeito do meu trabalho levantou contribuições para a filha de seu vizinho, que está com leucemia. Outra pessoa precisou de dinheiro para uma viagem missionária a Tegucigalpa, Honduras (pela segunda vez este ano). E uma senhora do nosso pequeno grupo toda semana publica histórias sobre tráfico humano. Sei que tudo isso é importante, só que não faz o meu gênero. Às vezes me sinto mal, mas gostaria de verdade que as pessoas não falassem sobre esse tipo de coisa o tempo todo.
Rob V.

Éramos amigas desde o colegial, por isso achei que permaneceríamos amigas para sempre. Não consigo acreditar que ela não fala mais comigo. Soube que a coisa era séria quando ela postou que sua mãe estava com câncer no pulmão. Não foi uma surpresa enorme para mim, porque me lembrei de que ela fumava tipo dois maços por dia sempre que eu ia dormir lá. Percebendo que era sério, comentei na postagem dela no Facebook que estava orando. Mais tarde até lhe mandei uma mensagem repetindo que sentia muito. Mesmo assim, agora ela está furiosa porque isso foi tudo o que fiz. Ela esperava que eu telefonasse ou fosse visitá-la, óbvio. Queria ter feito mais. Acontece que eu estava ocupadíssima. Ela pensa que não me importo. Acho que está sendo um pouco infantil.
Marla K.

4.1 ACEITE O DESAFIO [A CAUSA MAIS RECENTE]

Em 2012, uma empresa de *marketing* adotou uma causa muito em voga — crianças vulneráveis em um país assolado pela guerra, que estavam sendo sequestradas e convertidas em soldados — e desenvolveu uma campanha de conscientização. Quando lançaram a operação, pessoas de todo o mundo adotaram com paixão o grito de guerra "Kony 2012!".[1] Durante dias, semanas até, parecia que todo mundo só falava nessa campanha. Estava *on-line* por toda parte e ocupava as várias edições dos noticiários. Depois de alguns meses, o produtor que idealizara o projeto enfrentou alguns desafios pessoais, que receberam toda a atenção dos noticiários por algumas semanas. Até que a coisa toda — o Kony 2012 e as notícias sobre seu produtor — simplesmente desapareceu.

Há bem menos tempo, 200 estudantes foram sequestradas por um grupo militante na Nigéria e desapareceram na selva. Um punhado delas conseguiu fugir mais ou menos na primeira semana e relatou sua história angustiante, a qual conquistou o coração das pessoas. Todo mundo falava no assunto:

- "Oh, meu Deus! Que horror!"
- "Alguém deveria fazer alguma coisa!"
- "Os governantes precisam agir!"
- "Têm de enviar forças especiais de paz para lá!"
- "Todo mundo tem de assinar essa petição."
- "Compartilhe com todos!"

Enquanto escrevo isso, a tragédia do desaparecimento das meninas persiste. Mas não conheço ninguém que ainda fale nelas, ainda compartilhe, ainda incentive os outros a fazerem alguma coisa. O assunto era quente. Até deixar de sê-lo.

---

[1] Nome do documentário produzido pela organização Invisible Children, Inc., em referência a Joseph Kony, criminoso de guerra responsável pelos atos praticados contra crianças. [N. do T.]

Talvez você também se lembre do balde de água gelada em favor da esclerose lateral amiotrófica. Ao longo de várias semanas, a Internet ficou entupida de vídeos e mais vídeos de todo mundo que você conhecia derramando um balde de água gelada na cabeça. Todos os seus amigos e familiares, celebridades, apresentadores de *talk shows*, pessoas fantasiadas, em lugares exóticos, crianças e até animais domésticos. A esclerose lateral amiotrófica — provavelmente mais conhecida por seu nome popular, doença de Lou Gehrig — era algo sobre o que as pessoas sabiam, mas não deviam conversar muito. Em questão de semanas, os baldes de água gelada levantaram milhões de dólares para pesquisas sobre a esclerose. E então desapareceram quase tão depressa quanto explodiram.

Não há dúvida de que as mídias sociais nos oferecem todos os tipos de benefícios, em se tratando de ajudar os outros. Mas eu gostaria que você considerasse que tampouco lhes faltam aspectos negativos. Em particular, as evidências parecem indicar uma forte correlação entre o compartilhamento de ideias populares e o declínio da compaixão como um valor cultural comum. Algumas causas ou crises ganham a atenção dos refletores da cultura popular por breves 15 minutos de fama. Então as pessoas perdem interesse por elas ao surgir alguma outra coisa, como se essa novidade significasse de alguma forma que o problema anterior deixou de ser importante ou digno de atenção. Como se fosse fácil descartar algo que se tornou popular. Algo que até foi considerado interessante durante algum tempo, mas a que ninguém quer voltar quando avança para a próxima grande novidade popular.

A Universidade de Michigan conduziu um estudo exaustivo das atitudes dos universitários no período de 1979 a 2009. Ao longo de trinta anos, os pesquisadores observaram um declínio drástico na empatia. Em poucas palavras, descobriram que hoje os estudantes se importam com os outros cerca de 40% menos do que acontecia com as pessoas durante os anos 1980.[2]

Sabe o que considero mais trágico? Pode ser que você nem se importe.

O significado dessa mudança de empatia faz soar um sinal de preocupação lá no fundo em você? Ao menos chamou a sua atenção?

4.2 O MUNDO PELAS LENTES DE UMA *SELFIE*

Fiquei curioso por saber como os pesquisadores chegaram à conclusão de uma queda de 40% em quanto os jovens se importam com os outros. Por isso, fiz uma pequena pesquisa sobre a pesquisa. Eles entrevistaram cada participante usando um conjunto de declarações, pedindo aos estudantes para indicarem, em uma escala numerada, como se sentiam em relação a cada afirmação. Aqui estão dois exemplos do tipo de declaração usada para medir a empatia:

1. "Às vezes tento compreender melhor os meus amigos imaginando como são as coisas do ponto de vista deles."

---

[2] KONRATH, Sara H.; O'BRIEN, Edward H.; HSING, Courtney. "Changes in Dispositional Empathy in American College Students Over Time: A Meta-Analysis", **Personality and Social Psychology Review** 15, nº 2 (2011). p. 180-98. Disponível em: <http://faculty.chicagobooth.edu/eob/edobrien_empathy PSPR.pdf>. Acesso em: 29 jan. 2016, 22:11:56.

2. "Costumo ter sentimentos ternos, de preocupação para com pessoas menos afortunadas que eu."

As respostas a essas declarações atingiram uma média 40% menor no grupo de 2009 do que no de 1979. Um declínio ficou evidente nos primeiros anos do estudo, mas as respostas caíram de verdade mais ou menos na época em que as mídias sociais começaram a se tornar um fenômeno cultural. Os pesquisadores argumentam que o aumento no uso da tecnologia muito provavelmente é causa direta do decréscimo de empatia.

Por que o maior envolvimento com as mídias sociais leva os jovens a se importarem menos com os outros? Como já era de esperar, há diversas teorias. Examinemos quatro razões possíveis.

Primeiro, considere como a maioria das mídias sociais nos torna mais obcecados com nós mesmos. Dê a isso o nome de narcisismo, vaidade ou a boa e velha presunção. Não faz diferença a roupagem que damos ao problema. O fato é que as mídias sociais são capazes de nos promover muito rápido no nível de alguém importante, alguém que tem algo para dizer, compartilhar, mostrar, gritar. E não conseguiremos encontrar exemplos mais evidentes disso do que a obsessão pelas *selfies*.

Discutimos as *selfies* no Capítulo 3 e, se você for jovem, o termo não é novidade para você. Faz parte do seu vocabulário há tanto tempo que já se tornou uma parte normal da sua vida cotidiana. Lembre-se, *selfie* é a fotografia que você tira *de si mesmo*. Durante décadas, no entanto, essa prática não era a norma.

Como eu, talvez você presuma que as *selfies* envolvam uma atividade simples e direta: basta tirar uma boa foto de si mesmo sorrindo. Mas não é tão simples. Existem vários estilos populares de *selfies*, e a lista só faz crescer. Aqui estão alguns dos meus favoritos (para catalogar, não para tirar!):

- *A* selfie *dirigindo o carro.* Nível de dificuldade: baixo a médio. Ganha pontos extras quem incluir coisas inteligentes, engraçadas ou incomuns no fundo.
- *A* selfie *fazendo bico.* Nível de dificuldade: extremamente elevado. A verdade é que não sei por que, mas este tipo de *selfie* parece ser muito mais popular entre meninas e moças do que entre meninos e rapazes. Provavelmente porque, quando eles tiram essa *selfie*, sempre parecem exagerar.
- *A* selfie *com o meu ou a minha #bff.*[3] (Psc — para seu conhecimento — #bff quer dizer *best friends forever*. Também designa a pessoa comumente conhecida como "chapa".) Nível de dificuldade: médio. Geralmente, requer várias tentativas para capturar os dois rostos em sincronia.
- *A* selfie *beijando em um lugar bem legal.* #u-la-lá (autoexplicativo). Nível de dificuldade: da foto, médio, mas, para chegar à locação, alto a extremamente alto. O mais difícil é encontrar o local adequado; quanto mais exótico, mais #épica a foto.
- *A* selfie *com o bichinho de estimação.* Essa é bastante autoexplicativa. Quanto mais novo o animal na foto, maior a quantidade de pontos extras.

---

[3] A sigla *bff*, de "melhores amigos(as) para sempre", é de uso corrente no original em inglês. [N. do T.]

- A selfie *"conseguimos lugares excelentes para ver o jogo enquanto você vai assistir sozinho em casa"*. Essa também é bastante autoexplicativa. Conquanto neste caso o sistema de pontos extras seja complicado, basicamente ele tem que ver com tirar fotos em que se possa reconhecer os jogadores no fundo.
- A selfie *com o meu prato de comida*. Um clássico do Instagram: a ideia básica aqui é incitar reações fortes — inveja, asco, salivação etc. — entre os seguidores. Esse é um dos raros casos em que os seguidores podem curtir de verdade a postagem e ainda incluir um comentário do tipo "te odeio".
- A selfie *arrasando no vestido*. Mais uma área dominada por meninas e mulheres, embora os homens pareçam estar fazendo um esforço heroico para tentar alcançá-las em uma versão apropriada. Pontos extras se você conseguir fazer que também os sapatos apareçam na foto. #invejamata.

Sei que tudo isso é impressionante, ainda mais para quem nunca ouviu falar no fenômeno. Mas o que assusta de verdade é que todas essas categorias são só a ponta do *iceberg*. Nem cheguei a mencionar as *selfies* "acabando de acordar", "novo corte de cabelo", "aniversário no restaurante" e inúmeras outras. Mas já deu para perceber o denominador comum aqui, não?

A questão toda é você.

As mídias sociais nos encorajam — eu diria que nos *treinam* — para sermos mais narcisistas, mais presunçosos. Li um estudo indicando que 80% do que um usuário posta nas mídias sociais está diretamente relacionado a seus interesses imediatos.[4] Por um lado, faz sentido. Pense bem. Se estou interessado em algo, é muito provável que, na minha cabeça, você esteja também. Agora considere o que costumamos procurar. Geralmente, o que as pessoas estão falando a nosso respeito. Perguntamos: "Elas estão curtindo minhas postagens? Comentando as coisas que publico? O que posso fazer para atrair mais da afirmação positiva de que tanto gosto?".

Por que agimos assim? O problema é emocional, claro, mas também envolve ciência e química. Como já dissemos, toda vez que vemos alguma coisa a nosso respeito — em especial aquelas que interpretamos como positivas —, o nosso cérebro libera dopamina. Essa descarga nos dá um pequeno "barato" (absolutamente legal), um rápido momento "A-ha! Gosto disso!". Quando nos voltamos para as mídias sociais, quando participamos delas, tanto postando quanto navegando como quem não quer nada, elas na verdade nos treinam — adestram o nosso corpo como se fôssemos pequenos ratos de laboratório que acionam uma alavanca para ganhar comida — para que nos tornemos com o tempo cada vez mais autocentrados. Mas o que as mídias sociais fazem para que nos importemos menos com as pessoas? Transformam nosso corpo para sermos mais autocentrados.

> As mídias sociais na verdade nos treinam — adestram o nosso corpo como se fôssemos pequenos ratos de laboratório que acionam uma alavanca para ganhar comida — para que nos tornemos com o tempo cada vez mais autocentrados.

Estamos mais obcecados com nós mesmos do que nunca.

---

[4] SEITER, Courtney. "Seven Social Media Psychology Studies That Will Make Your Marketing Smarter", postagem em blogue, August 13, 2014. Disponível em: <https://blog.bufferapp.com/social-media-psychology-studies-smarter-marketing>. Acesso em: 30 jan. 2016, 15:58:31.

4.3 NEM TODAS AS COISAS SÃO IGUAIS

Por que as mídias sociais fariam nos importar menos com os outros? Primeiro, porque elas transformam dor em causas populares fáceis de abandonar. Segundo, porque nos tornam mais obcecados com nós mesmos. A terceira razão não é menos séria: o uso constante das mídias sociais nos condiciona a que nos importemos menos com os outros porque, com o tempo, acabamos nos insensibilizando. Sem que percebamos, as mídias sociais podem se converter em escoadouro da nossa fonte de compaixão humana. Ao contemplarmos a dor o tempo todo, tanta coisa triste passando sem parar na nossa linha do tempo, os mecanismos naturais de que dispomos para lidar com tudo isso nos entorpecem para a dor. Quanto maior a frequência com que a vemos, mais difícil é nos importarmos cada vez que somos expostos a ela.

> Quanto maior a frequência com que vemos a dor, mais difícil é nos importarmos cada vez que somos expostos a ela.

Permita-me dar um exemplo. Anos atrás, se eu estivesse *zapeando* pelos canais de TV e deparasse com um comercial ou programa exibindo uma criança de aspecto doce, mas malnutrida, com moscas esvoaçando ao redor do rosto, o meu coração parava. Imagens assim costumavam me incomodar tanto que eu mudava de canal na mesma hora. Eu não suportava o sentimento de culpa ao ver outro ser humano sofrendo enquanto me refestelava na minha casa confortável, no ar condicionado, olhando para uma grande tela plana de TV.

Passado algum tempo, no entanto, eu já vira tantas dessas imagens que elas deixaram de me incomodar com a mesma intensidade. Tornaram-se como um comercial qualquer a que assistimos vezes e mais vezes; depois das primeiras exibições, eles se tornam invisíveis. A repetição de um estímulo faz que ele seja cada vez menos percebido sempre que somos expostos a ele. A essa altura, na televisão e acima de tudo nas mídias sociais, já vi foto atrás de foto, postagem atrás de postagem, vídeo atrás de vídeo, artigo atrás de artigo — coisa que provavelmente aconteceu com você também.

Hoje, quando deparo com a imagem de uma criança faminta, ela não me aflige mais como antes. Por quê? Porque me tornei insensível a ela. A imagem agora é familiar e está longe de ser perturbadora, a menos que eu pare e me lembre de que há um ser humano ali — uma criança real, de carne e osso, sofrendo sem necessidade.

Além da exposição frequente e da insensibilização dela resultante, a nossa compaixão também é enfraquecida pelo uso rotineiro das mídias sociais de um terceiro modo igualmente importante: as mídias sociais apresentam seu conteúdo como se todas as mensagens fossem iguais. Uma postagem no Twitter do seu cantor favorito pode entrar junto de um texto da sua avó, da notícia de um jornal sobre um novo vírus na África e do convite para uma reunião com o chefe. Cada mensagem ocupa o mesmo espaço de tela, tem o mesmo tipo de estrutura, usa até as mesmas fontes e cores. Quando todas juntas aparecem dessa maneira, o nosso cérebro não é capaz de diferenciá-las. O que é mais importante aqui? A cantora Carrie Underwood ou a vovó? O ebola ou o *site* de convites e-vite?

As mensagens têm aspecto mais ou menos igual. Quando a uma nova receita de guacamole se segue um artigo sobre o jogador de futebol americano que bateu na namorada, acompanhado de outro sobre o repórter inocente decapitado em algum lugar do mundo, o nosso cérebro se esforça para distinguir o que é mais importante. Quando um prato delicioso é visualmente equivalente a um crime monstruoso, o nosso cérebro registra essas coisas como mais ou menos iguais, o que o treina para se importar menos com os fatos ruins.

Tudo é relativo e está disponível em algum lugar do mundo cibernético. Com um clique rápido, posso ignorar algo ou comprar uma cafeteira Keurig nova na Amazon. Não preciso sentir o coração doer enquanto considero a calamidade de outras pessoas tendo de lidar com enfermidades, água poluída, terrorismo ou abuso. Em vez disso, posso ler um artigo sobre a sequência do filme do meu super-herói predileto. E, sem nem perceber, acontece: com o tempo, pouco a pouco, nos tornamos insensíveis.

4.4 DE LONGE

Por fim, a tecnologia consegue fazer que nos importemos menos com os outros por não precisarmos interagir diretamente com eles regularmente. Podemos apenas enviar mensagens, bater papo, postar, colar ou disparar torpedos sem olhar ninguém nos olhos. Mesmo a videoconferência conta com a distância de duas telas entre nós e a outra pessoa.

Digamos que você perca seu emprego. No Facebook, você publica: "Perdi o emprego hoje". Ao deparar com a notícia, qual o meu curso de ação mais provável? É quase certo que deixarei um comentário na sua página. (É o mínimo que posso fazer.) Escreverei algo do tipo: "Oh, cara. Sinto muuuuuuito mesmo. Estou orando por você".

Por outro lado, suponhamos que marquemos de nos encontrar em algum lugar para tomarmos um café. Vejo você entrar e de imediato percebo que há alguma coisa errada. Sentamos, e você me conta: "Cara, você não vai acreditar no que acaba de acontecer. Perdi o emprego. Nem sei o que aconteceu. O que vou dizer à minha esposa?".

Juntos, começamos a discutir o que você fará. Há uma hipoteca a ser paga. As prestações do carro. A sua esposa estava registrada como dependente no seu plano de saúde, e ela precisa tomar remédios caros todos os dias, pelos quais o plano pagava. Há apenas dois meses você descobriu que um dos seus filhos necessita de aparelho para os dentes. O que você fará?

A minha relação com você comove muito o meu coração. Se estou na sua frente, importo-me bem mais do que o faria a distância. De longe, é mais fácil se desconectar e dar as costas simplesmente, para não sentir dor. Quando nos relacionamos face a face com o outro em um ambiente íntimo, participo do que está acontecendo. Nas mídias sociais, seja qual for, sou apenas mais um observador, assistindo à sua vida passar na minha linha do tempo. Quando nos relacionamos de longe, acabamos nos importando menos.

Mas por que deveríamos nos importar, se ninguém mais faz isso? Porque, se escolhemos seguir Cristo, precisamos compreender que Deus pede que nos amemos uns aos outros como ele nos amou.

A compaixão é importante.

4.5 LEVADO A AGIR

A palavra grega que o Novo Testamento traduz como "compaixão" é *splagchnizomai*. Quer dizer "ser tocado até as entranhas". Significa que as suas entranhas se enternecem. O termo descreve uma paixão que se ergue de um local tão profundo no seu interior que você é capaz de senti-la, como se suas entranhas se movessem, operando algo dentro de você.

Na época em que o Novo Testamento foi escrito, as pessoas acreditavam que o amor e a compaixão se originavam nos intestinos porque ocupavam o local mais profundo no interior do corpo, em seu centro. Quando usavam a palavra *splagchnizomai*, descreviam uma dor, uma empatia por outra pessoa, vivenciada bem lá no fundo. Mais importante ainda, no entanto, o termo quer dizer que você sente tão forte a ponto de *ser levado a agir*. Não perca de vista essa ideia. Ela é poderosa. A compaixão não é apenas uma emoção ou um sentimento que você tem que acaba se dissipando.

A verdadeira compaixão requer ação.

> Dizer que você se importa, mas deixar de agir com base nesse sentimento, é o mesmo que não se importar.

Consideremos o conceito de outra forma. Dizer que você se importa, mas deixar de agir com base nesse sentimento, é o mesmo que não se importar. Por favor, reflita sobre isso, porque pode ser difícil de processar.

Vamos aplicar a ideia à nossa vida cotidiana. Quando uma publicação no Instagram tem muito que ver conosco, ou algo no Facebook nos desperta alguma emoção, o que fazemos? Clicamos. No Instagram, dois cliques sobre a imagem significam curti-la. *Clique, clique.* Está claro que a pessoa atravessa um momento difícil e nos sentimos mal por ela. Reconhecemos sua dor curtindo ou dando duplo clique em sua postagem. Mas clicar não é se importar. Importar-se de verdade significa agir de algum modo. Envolvemo-nos de uma forma tal que possa fazer a diferença na vida de alguém. Clicar não muda nada. Importar-se não é curtir uma postagem; é amar a pessoa.

Como você já deve ter adivinhado, Jesus é o melhor exemplo de como se põe em prática esse conceito. Em cada versículo dos Evangelhos no qual Jesus e a palavra "compaixão" aparecem juntos, logo a seguir o vemos realizar alguma ação. Ele se fazia presente, sentia compaixão e agia de algum modo. Todas as vezes.

Mas não aceite simplesmente a minha afirmação. Veja por si mesmo. Por exemplo, no evangelho de Marcos, um homem se aproxima de Jesus, desesperado:

> Um leproso aproximou-se dele e suplicou-lhe de joelhos: "Se quiseres, podes purificar-me!".
> *Cheio de compaixão, Jesus estendeu a mão, tocou nele* e disse: "Quero. Seja purificado!" Imediatamente a lepra o deixou, e ele foi purificado (Marcos 1.40-42).

Compaixão. *Splagchnizomai.* Jesus sentiu e na mesma hora agiu. Tocou no homem.

Eis outro exemplo. Quando ele deixava Jericó, dois cegos o ouviram passar e gritaram pedindo sua ajuda (v. Mateus 20.29,30). "*Jesus teve compaixão deles e tocou nos olhos deles.* Imediatamente eles recuperaram a visão e o seguiram" (Mateus 20.34).

Jesus teve compaixão; por isso agiu. A verdadeira compaixão requer ação. Dizer que você se importa, mas não fazer nada, é não se importar em absoluto. Vivemos em uma sociedade na qual nos importamos cada vez menos com os outros. Isso é até passível de quantificação: jovens adultos se importam 40% menos do que há apenas poucas décadas. Uma tragédia. Acredito ser inaceitável para aqueles de nós que nos consideramos povo de Deus, sua Igreja, permanecer sentados e não agir quando estamos rodeados de pessoas necessitadas.

Em resumo, é o seguinte: quanto mais obcecado fico pelas mídias sociais, mais me importo comigo e menos com os outros. Contudo, quanto mais me concentro em Jesus — quanto mais tento conhecê-lo, servi-lo, aproximar-me dele —, menos me importo comigo e mais me importo com seu povo (v. João 3.30).

Ao olhar para como Jesus viveu e permitir que suas palavras me transformem, algo em mim muda. Sou compelido a me negar, a tomar a minha cruz e a segui-lo (v. Mateus 16.24). *Quero* morrer para mim mesmo. *Quero* segui-lo.

Vou propor a você algumas perguntas potencialmente bastante difíceis. Quando foi a última vez em que você dedicou uma hora para servir outra pessoa? E um dia inteiro? Você já passou um fim de semana todo servindo os outros?

E em termos financeiros? Quando foi a última vez em que você extrapolou de verdade na doação de dinheiro? Não estou falando sobre nada compulsório, que já seria de esperar de você. Refiro-me àquilo que você deu só por sentir que devia dar. Uma quantia significativa, difícil de administrar, mas que pareceu que faria genuinamente diferença na vida de alguém.

Quando foi a última vez em que você deixou de fazer algo muito desejado porque optou por investir esse tempo em outra pessoa? Se você fez alguma dessas coisas recentemente, então me junto a você para louvar a Deus pela sua vida.

Se você não se lembra da última vez em que fez algo parecido com isso, seria por que na verdade não está assim tão próximo de Jesus? Talvez a pergunta soe crítica demais para você. Pode ser. Mas uma certeza tenho: quando as pessoas estão realmente próximas a Jesus, a vida não tem mais que ver só com elas. Tem que ver com a glorificação de Deus e com o amor ao próximo.

4.6 DESCULPE-ME, MAS...

Acredite ou não, embora eu seja pastor, não sinto vontade de ajudar as pessoas 24 horas por dia, 7 dias da semana. Há alguns anos, passei o dia inteiro falando em um evento longe de casa. Morto de cansaço, vi-me em seguida preso no Aeroporto Internacional da cidade de Kansas, aguardando uma conexão mais do que atrasada, tarde de uma noite de quinta-feira. Tudo em que eu conseguia pensar era quanto me sentia exausto e que só queria voltar para casa para ficar com a minha família. Sentei-me em uma daquelas cadeiras desconfortáveis de aeroporto, afastado da multidão, para tentar ler em silêncio até conseguir pegar meu voo.

De repente havia uma mulher parada na minha frente, tentando chamar a minha atenção. Pareceu emocionada ou surpresa, ou alguma coisa desse tipo, ao exclamar: "Ó, meu Deus! O senhor é o meu pastor! Não acredito que esteja aqui!".

Ergui os olhos e forcei-me a sorrir. Fui educado e conversei por um instante, mas não muito mais que isso. Após um rápido bate-papo, a mulher se despediu meio sem jeito e foi se afastando devagar. Voltei a levantar o livro na altura do rosto e tentei encontrar onde parara a leitura quando ela me interrompeu.

Quase no mesmo instante, enxerguei a realidade da situação. Senti o Espírito de Deus me sacudindo para fora do meu egoísmo. Foi como se o ouvisse querendo saber: "O que você pensa que está fazendo? Deixe esse livro de lado! Ainda não terminamos. Vá procurar a mulher e converse com ela!".

Fechei o livro e comecei a olhar em volta. Felizmente, ela não fora longe. Encontrei-a sentada sozinha, com os olhos contemplando o vazio. Assim que me aproximei, vi que sua mente estava em algum lugar muito distante dali, como se perdida em pensamentos.

Limpei a garganta, e seu rosto se iluminou ao mesmo tempo que ela se voltava para me olhar.

"Por favor, me perdoe", pedi. "Sinto muito mesmo. Mas tive a impressão de que você queria falar mais." Acomodei-me na cadeira em frente à dela. "Quer conversar comigo sobre alguma coisa?"

Ela se pôs a chorar na mesma hora, e sua história jorrou para fora aos borbotões. Contou-me que se sentia muito envergonhada. Entre soluços, explicou que estava em viagem de negócios, que não tinha o hábito de ingerir muito álcool, mas que na noite anterior se excedera. Antes que eu me desse conta do que estava acontecendo, ela deixou escapar: "Sou casada, mas traí meu marido na última noite e agora não sei o que fazer".

Tampouco eu sabia o que dizer, de modo que me pus a orar em silêncio. Do nada, sugeri: "Bem, pode não parecer grande coisa no momento, mas acho que Deus deve se importar muito com você. Não creio que tenha sido coincidência o fato de toparmos um com o outro aqui, no aeroporto de uma cidade em que nenhum de nós reside. E você?".

Ela balançou a cabeça. "Imagino que não. Espero que você tenha razão."

Conversei com ela por alguns minutos e então liguei para um terapeuta que conheço e deixei que se falassem pelo telefone.

Os dois marcaram um horário para se encontrarem pessoalmente quando ela voltasse para casa. Falamos ainda um pouco, por cerca de 30 minutos mais ou menos. Afinal eu lhe disse: "Está bem, agora vem a parte difícil. Você precisa confessar ao seu marido o que aconteceu".

Ela concordou, e agendamos quando isso se daria: às 10 horas da manhã de sábado. O marido também se encontrava em viagem, mas nesse horário já teria retornado para casa. Ela então lhe contaria tudo. Oramos juntos, prometi orar de novo na manhã do sábado e assegurei que daríamos sequência na semana seguinte. Seguimos cada qual seu caminho, e não tornei a vê-la.

O sábado chegou dois dias depois. Eu não me esquecera do compromisso, mas tampouco ele ocupava o centro das minhas preocupações. A minha filha tinha um ensaio de dança naquela manhã do outro lado da cidade. Após deixá-la, lembrei-me: Oh, sim, *10 horas. Preciso orar.* Sentado dentro do carro no estacionamento, orei pela mulher e por seu marido. Minutos depois, pensei: *Bom, agora tenho de dar um jeito de passar as próximas duas horas. O que farei?* Comecei a passear com o carro pelas redondezas até que me ocorreu uma ideia: *Já sei... Vou para o Walmart!* Sabia que havia uma loja perto dali, de modo que me dirigi para lá.

Antes de prosseguir, preciso que você entenda uma coisa: não costumo ir ao Walmart. Não gosto de lojas de grandes redes. Prefiro ficar olhando gatos em um *pet shop* a ir ao Walmart. Tampouco necessitava comprar alguma coisa. Apenas não conseguia tirar a ideia da cabeça de que precisava ir ao Walmart; então foi o que fiz. E, para ser franco, após entrar na loja, fiquei perambulando de um lado para o outro, pensando: *Que estranho. O que estou fazendo no Walmart?*

Até que dobrei um canto e quase trombei com um sujeito. Paramos e nos entreolhamos por uma fração de segundo como quem diz: "Oh, sinto muito. Perdão". Então seu queixo caiu e ele deixou escapar: "Oh, meu Deus! Você é o meu pastor! Não acredito que esteja aqui!".

Ele começou a chorar, me segurou com força, apoiou o peso todo em mim e se pôs a soluçar no meu ombro. Entre um e outro soluço, conseguiu contar: "Quinta-feira à noite... Você esteve em Kansas... No aeroporto... E a minha esposa estava lá... E ela se confessou com você... E acaba de me contar esta manhã mesmo... Ela me traiu... Eu não sabia o que fazer... Então vim para o Walmart... E agora você está aqui".

Quando me dei conta de quem era, fiquei muito feliz porque a esposa daquele homem interrompera a minha leitura no aeroporto. E agora porque ele me interrompera também. Passei o braço em volta dele e deixei-o chorar. Para ser franco, devo ter chorado um pouco também. Afinal, eu disse: "Deixe-me perguntar uma coisa. Você percebe quanto Deus se importa com vocês dois? E tudo o que ele acaba de fazer em favor de vocês? Ele atrasou o meu voo para me manter preso no mesmo aeroporto onde sua esposa se encontrava, de modo que pudéssemos conversar. Em seguida me mandou até este Walmart em uma manhã de sábado como seu pastor, para que eu pudesse estar aqui com você. Não sei o que você fará. Mas *posso* garantir o seguinte: o seu casamento deve ser realmente importante para Deus. Não vou mentir para você. Será duro. No entanto, creio de todo o coração que o Senhor deseja curar o seu casamento, desde que vocês o permitam".

Essa história ainda me impressiona. O casal procurou terapia. O marido perdoou a esposa. Os dois trabalharam suas diferenças. Deus curou o casamento deles. Vou dizer só mais uma vez: sou muito grato por Deus ter me interrompido.

Não perca essas oportunidades divinas. Eu não saberia dizer quantas vezes devo tê-las deixado passar por causa do meu egocentrismo. Quis fazer o que tinha vontade de fazer em vez de me manter aberto às interrupções do Espírito Santo. Não sei o que você acha disso. Talvez Deus queira que você pegue o telefone e ligue para alguém. Ou talvez, quando estiver dirigindo para algum lugar, você veja uma pessoa com um pneu furado e se ponha em movimento para ajudá-la. Sempre que avistar uma necessidade, qual será a sua reação? "Isso não é comigo" ou "Não tenho tempo para isso"? Se alguém no seu trabalho se mostrar muito aflito, você pode parar para ouvi-lo ou pode fingir que não percebeu sua necessidade.

O que você escolherá fazer depende só de você.

Mas dizer que se importa e não agir é não se importar em absoluto.

Compaixão requer ação.

4.7 O CUSTO DA COMPAIXÃO

A compaixão não só requer ação, mas também cobra um preço e algum sacrifício. Em Lucas 10, Jesus conta a história irresistível de um homem de Samaria que se desviou de seu caminho para auxiliar um judeu. Na cultura dos dois daquela época, o mais provável é que se odiassem. Contudo, quando o samaritano encontrou o judeu atirado na lateral da estrada após levar uma surra, o homem fez-lhe curativos, levou-o a um hotel e pagou o equivalente a dois dias de seu salário ao proprietário do lugar para acolher o homem e cuidar dele.

Quem faria algo assim? Quem pagaria o equivalente a dois dias do próprio salário para cuidar de um completo estranho? A compaixão tem um preço, mas, com excessiva frequência na nossa cultura, queremos consumi-la em sistema de *fast-food*. Estamos dispostos a fazer alguma coisa desde que seja fácil para nós. Desde que não seja inconveniente demais.

"Vou clicar. Vou compartilhar a postagem. Vou curtir isto. Vou compartilhar um *link*." Tudo isso é muito fácil. A verdadeira compaixão nos custa alguma coisa.

Poucos meses atrás, Amy e eu nos encontrávamos em um supermercado quando vimos um homem e duas mulheres fazendo compras. Tive a impressão de que eles não deviam ter uma vida fácil. Não sou de demonstrar muita emoção, mas, assim que os vi, senti-me encher de compaixão por dentro, algo difícil de explicar. Pensei: *Estou sentindo que deveríamos pagar a compra deles*.

Esse tipo de atitude não é normal para mim. Quase de imediato, comecei a tentar me convencer do contrário do que sentia, discutindo comigo mesmo contra a ideia de fazer algo bom. *Você não precisa pagar a compra deles! Isso é esquisito! Além do mais, e se eles se sentirem insultados?*

Odeio admitir, mas comecei até a testar Deus. "Está bem, Senhor", orei. "Se eles se aproximarem do fim do próximo corredor junto comigo, pagarei a compra deles".

Foi o que aconteceu. Por isso, orei: "Bem, só para ter certeza, Deus, se eles pegarem uma caixa de cereais no corredor seguinte, então pagarei a compra deles."

E foi o que aconteceu. De modo que deixei de lado o acanhamento e me aproximei. "Desculpem-me. É provável que vocês achem esquisito o que vou dizer, e a última coisa que eu quero é ofender vocês. Mas será que permitiriam que a minha esposa e eu pagássemos as suas compras?"

Uma das mulheres se sobressaltou de verdade e vi um lampejo de reconhecimento em seu rosto. Ela exclamou: "Oh, meu Deus! Antes de me prenderem, eu costumava frequentar a sua igreja". E prosseguiu contando-nos que fora solta da prisão aquele dia mesmo, e que não tinha um lugar onde ficar.

De certa forma, senti-me aliviado. Pensei: *Perfeito. Deve ter sido por isso que Deus me compeliu a agir desse modo. Dois anos atrás, Amy criou um lar para mulheres egressas de situações abusivas! Aqui estou eu, achando que devíamos pagar as compras dessa mulher, mas agora creio que, na verdade, Deus quer que a ajudemos com um lugar onde ficar. Só pode ser isso! Já está tudo arranjado; então será fácil. Que história maravilhosa!*

Gostaria de dizer que a situação se desenrolou assim. Mas não. Para proteger todas as ocupantes da casa, tínhamos regras e critérios específicos que cada mulher precisava satisfazer para permanecer ali. Dada a situação em que se encontrava, infelizmente a mulher não atendia aos requisitos. Mas não estávamos dispostos a apenas pagar suas compras e dar por encerrada a nossa ajuda. Por isso a encaminhamos para outra organização, certificando-nos de que suas necessidades imediatas fossem satisfeitas.

O que imaginei que seria um simples "Oh, tome um pouco de dinheiro" ou "Claro que temos um lugar em que você pode ficar!" rapidamente se transformou em várias semanas de trabalho duro por aquela mulher, e em diversas frentes. As coisas se complicaram bastante e muito depressa. A compaixão nos custa alguma coisa.

No momento em que escrevo isto, (ainda) não chegamos a um final feliz para a mulher, a uma decisão clara e bem ajustada. A história dela continua se desenrolando. Um clique é bem ajustado. A compaixão é bagunçada. Nem sempre é fácil e direto. Às vezes você pensa que Deus o está conduzindo de um modo, mas então descobre que na verdade ele está fazendo outra coisa. O jeito dele é muito mais interessante. Leva-nos para fora de nós mesmos, e aprendemos muito mais.

> Um clique é bem ajustado. A compaixão é bagunçada.

Caso você se encha de compaixão, da verdadeira compaixão, não vou mentir e dizer que será fácil. Não será, muito provavelmente. Você se oferecerá para dar aulas a uma criança que vive em um local complicado e, ao conhecer a região, começará a ver como é complicada a história de todo aquele pessoal. Talvez comece a servir os jovens da igreja e se veja tendo muito a oferecer a garotos de 15 anos — mas então descobre como essa faixa etária é mordaz. As coisas se complicam. Talvez vocês resolvam se tornar uma família de acolhimento. Levarão uma criança para casa, se apaixonarão por ela e derramarão bênçãos sobre a vida dela. Ela encontrará um lar, mas você terá fortes desconfianças de que sua nova condição não será estável nem saudável para ela. Quando o seu coração se partir, você talvez se pergunte se valeu a pena acolher aquela criança.

Quando você se afasta de si mesmo, Deus transforma vidas. No entanto, às vezes ele faz o que a gente menos espera — a vida que ele mais transforma é a *sua*. Não temos tempo para infinitas *selfies* e para viver obcecados com a criação de legendas brilhantes quando nos importamos com alguém.

Não deveríamos nos importar menos hoje do que costumava acontecer.

Como seguidores de Jesus, deveríamos nos importar *mais*.

Por quê? Porque a verdadeira compaixão requer ação. Dizer que se importa, mas não agir, é não se importar em absoluto. Ver pessoas necessitadas deveria mexer conosco lá no fundo. Quando experimentamos essa compaixão, em nome de Jesus devemos agir.

Capítulo 5

Restabelecendo a integridade
Na luta contra a impureza secreta

Integridade é fazer a coisa certa, certo de que ninguém saberá se você a fez ou não.
Oprah Winfrey

Jamais imaginei que fosse acontecer comigo. Claro, sou como qualquer outro cara. Sempre me senti atraído por meninas bonitas. No entanto, eu não fazia ideia de que essa atração pudesse fugir ao meu controle dessa forma. Tudo começou quando o meu irmão mais velho ganhou um iPad. Ele me mostrou como retirar a "trava de segurança" para buscar imagens. Comecei a ver celebridades nuas. Uma vez aberta essa porta, no entanto, fui aos poucos vendo pornografia até não parar mais. Agora curso o terceiro ano de faculdade e não passei um dia desde que pus os pés no *campus* sem ver pornografia. Quero parar, mas não sei se algum dia serei capaz.
Brandon J.

Mãe de três filhos e do lar, acho que me senti sufocada e precisei de um tempo. Isso não é desculpa, mas é a verdade. Não que estivesse vendo pornografia ou coisa do gênero. Apenas comecei a ler o blogue de uma amiga, que mencionou algo no Pinterest, de modo que fui até o *site* dar uma olhada. De lá passei para uns vídeos engraçados de gatos e depois para outro *site* com o intuito de ouvir uma música nova, o que me levou a uma pequena compra *on-line* na Amazon e a encomendar um presente de aniversário para a minha irmã. Quando dei por mim, três horas haviam se passado! Pensei que fosse ficar *on-line* uns 10 minutos, se tanto. Quando me obrigo a parar e pensar no assunto, constato que isso acontece várias vezes por semana. E isso me faz sentir mais sufocada.

Cindy R.

Tudo começou de um jeito bastante inofensivo. Uma semana, depois do estudo bíblico dos homens da igreja, o meu amigo Pete me falou sobre um *site* excelente de jogos que descobrira. Dei uma olhada e gostei porque podia jogar pôquer *on-line* e de graça. Sou um jogador muito bom, de modo que, em uma noite de tédio, resolvi entrar com o número do meu cartão de débito e talvez ganhar alguns trocados. Naquela primeira noite, eu ganhei mesmo — muito: mais de 600 dólares! Mas então, uns dois meses depois, perdi tudo... e mais um pouco. Bem mais, na verdade. Mais de 5 mil. Não contei para ninguém, nem para a minha esposa. Nunca me vi como um grande jogador. Mas agora parece que não consigo parar. Pelo menos não enquanto não reaver o meu dinheiro.

Walter S.

Restabelecendo a integridade

5.1 QUANDO NINGUÉM ESTÁ OLHANDO

Sou prova viva de que há gerações as crianças vêm dizendo uma grande verdade: você nunca usará toda a matemática que aprendeu na escola. Quer dizer, isso não é tão verdadeiro assim porque, para quem tem filhos, a matemática sempre volta para dar o troco. Você tem de ajudá-los com o dever de casa. Ou pior, se optar por ensiná-los em casa, *precisará* saber sobre o que está falando. Você não faz ideia do que é sentir pânico até a sua filha perguntar: "Papai, qual a ordem de operação para uma equação polinomial com expoentes?".

Por tentador que seja orientar os meus filhos a procurarem a resposta *on-line* ou a usarem a calculadora instalada no *smartphone* deles, em geral mergulho no problema e tento me lembrar das aulas de matemática da sra. Simpson no meu tempo de escola. Não porque não deseje vê-los dependentes da tecnologia para encontrar respostas (isso ainda leva o nome de cola, não?), mas porque aprendi logo cedo um detalhe da matemática que me acompanha desde então. Esse detalhe é a definição de *número inteiro*. Talvez você também se lembre dela. Na matemática, inteiro nada mais é que o número em si, sem frações, capaz de ser expresso sem casas decimais. O termo vem de uma palavra em latim que também significa "completo".

A raiz é a mesma da qual obtemos *integridade*, termo importante, bastante repetido a torto e a direito como algo que todo mundo deseja ter ou pelo qual todos querem ser conhecidos. Contudo, a prática de hábitos íntegros — em que fazemos coisas que nos mantêm total e completamente concentrados em Deus — vem sofrendo enorme declínio, graças a toda a nossa interação com a tecnologia. Não é fácil manter a saúde do nosso caráter e a pureza do nosso coração quando centenas (se não milhares) de tentações se encontram a apenas um clique de distância.

Se integridade equivale a "quem você é quando ninguém está olhando", você há de concordar que é mais fácil fazer a coisa certa quando sabe que há alguém observando. Quando acreditamos que ninguém ficará sabendo, é muito mais tentador fazer o que desejamos, independentemente do que é certo. E nisso reside um dos maiores desafios das mídias sociais e da tecnologia.

É fácil acreditar que o que fazemos diante de uma tela é segredo (embora seja questionável se isso é mesmo verdade). Afinal de contas, se deletarmos o nosso histórico, limparmos a memória *cache* e os *cookies* dos nossos dispositivos, fica fácil acreditar que ninguém jamais saberá o que fazemos *on-line*. Ninguém saberá quais artigos lemos, em quais anúncios clicamos, por quais *sites* navegamos, a quais vídeos assistimos ou de quais fotos gostamos.

Talvez seja pelo fato de ser homem, mas logo me vem à cabeça como a tecnologia afeta a nossa integridade tentando-nos sexualmente. E, embora a nossa sexualidade com certeza responda por uma porção enorme da nossa integridade e seja um problema com o qual muitos homens lutam (um em cada dois viram pornografia hoje, de acordo com um estudo recente), também tenho constatado que a nossa integridade envolve duas outras áreas importantes: as nossas convicções e a nossa paz interior. As três áreas se sobrepõem, como acontece com várias áreas pessoais influenciadas pela tecnologia, mas pode ser uma boa ideia considerá-las separadamente.

Comecemos pelo desejo sexual.

5.2 OLHAR, APRENDER E DESEJAR

Na minha infância, era difícil encontrar uma foto de mulher nua. Para ver um pouco de pele, não havia muitas opções. Se seu pai não fosse o dono de uma pilha secreta de revistas eróticas, a melhor aposta era arranjar um amigo cujo pai fosse. E esse foi o meu caminho até a pornografia.

Na quinta série, o meu melhor amigo descobriu uma grande pilha de *Playboys* escondida em um baú fechado a cadeado, o que deveria mantê-la bem longe de olhares curiosos. O que o pai dele não percebera era que praticamente nenhum cadeado sobre a face da terra é capaz de afastar meninos curiosos de 11 anos de idade. Até hoje, lembro-me do surto de curiosidade e do arrepio da descoberta ao virarmos página após página daquelas revistas. Lembro-me distintamente de ter estudado a *miss* Fevereiro como se me preparasse em cima da hora para uma prova da qual dependesse a minha própria vida, e cujo sucesso repousasse na memorização de cada minúsculo detalhe. Durante várias semanas, o meu amigo e eu passamos todas as horas disponíveis depois da escola escondidos no armário dele olhando, aprendendo e desejando.

Essa exposição pode parecer benigna para os padrões atuais, mas juro que não foi. Hoje, mais de três décadas depois, se me esforçar de verdade, ainda consigo me lembrar de algumas das imagens que ficaram gravadas com fogo no disco rígido do meu cérebro. Felizmente, além das horas no armário do meu amigo com a pilha de revistas do pai dele, vi pouca coisa na adolescência que pudesse poluir a minha mente ávida por ser poluída. Mais tarde, no ensino médio e na faculdade, a invenção do videocassete (lembram-se dele?) viciou muitos dos meus amigos na prática de assistir com regularidade a filmes pornôs pesados. De alguma forma, ao longo daqueles anos, consegui me manter longe desses hábitos, para a minha felicidade.

Não foi senão depois que me casei e contratei a nossa primeira conexão de Internet que descobri a disponibilidade dessa tentação antes oculta. Você talvez fosse jovem demais para se lembrar disso, mas, em vez de *wi-fi*, houve época em que usávamos algo chamado de "conexão discada" para acessar a Internet por intermédio de uma linha de telefone. Qualquer sobrevivente dessa época tecnológica jamais se esquecerá do som irritante do *modem* ao estabelecer a conexão. Era como um telefone de disco lutando com um gato moribundo enquanto alienígenas disparavam seus mísseis em um búfalo que arranhava os chifres em uma lousa.

Nunca me esquecerei do momento em que, sentado ao lado da minha esposa, Amy, li os primeiros *e-mails* da nossa conta gratuita que a AOL fornecia para teste. Na mais completa inocência, clicamos em um *e-mail* enviado por um desconhecido. Contemplamos a seguir algo sem comparação com nada que já tínhamos visto em toda a nossa vida. Mesmo na condição de pastor dotado de uma consciência aguçada da depravação sexual deste mundo, senti tamanha repulsa por aquelas imagens que fiquei enojado. Eu não tinha experiência para saber como clicar e deletar, de modo que, feito um ninja atacando por instinto, bati no botão Power e desliguei todo o sistema.

De repente, o mundo virtual mudara sob o peso do meu monitor. O dispositivo que eu usava quase só como um processador de texto (porque, na maior parte do tempo, era essa a função dos PCs na época) tornou-se um novo e inesperado portal para a tentação. Quero dizer, se aquele tipo de indecência estava *on-line*, então com certeza a *miss* Fevereiro e suas irmãs do resto do ano também tinham de estar ali em algum lugar.

Pela primeira vez na vida, entendi que tudo o que quisera ver quando era um garoto curioso — e tudo o que precisara evitar como cristão — estava bem ali, ao alcance dos meus dedos. De novo, pela graça de Deus, aprendi a sustentar as minhas defesas contra a tentação. Mas muitos (provavelmente a maioria) dos meus amigos não fizeram a mesma coisa. Imagens antes difíceis de encontrar se encontravam agora disponíveis o tempo todo.

A apenas um clique de distância.

5.3 PORNOGRAFIA DE NOVO

Uma geração inteira cresceu com acesso fácil à pornografia. Algo tão simples quanto encontrar uma receita nova de *enchiladas*. Você pode movimentar sua conta no banco *on-line*, jogar *on-line*, ler as notícias *on-line* e pesquisar os melhores hotéis na capital da Argélia. E também pode ver pornografia — imagens ilimitadas, sem filtro e ultrajantes de homens e mulheres em situações explícitas a ponto de fazer cachorros no cio parecerem personagens de um romance de Jane Austen. Há material para quase todo tipo de desejo lascivo, fetiche, perversão ou forma de atração sexual.

Um número alarmante de pessoas parece recorrer a essa lanchonete carnal *on-line* para alimentar seus desejos sexuais. Estudos indicam que 70% dos homens de 18 a 24 anos visitam *sites* pornôs ao longo do mês.[1] Pare um instante para

---
[1] Weiss, Robert. "The Prevalence of Porn", **Sex and Intimacy in the Digital Age**, n.d. Disponível em: <http://blogs.psychcentral.com/sex/2013/05/the-prevalence-of-porn/>. Acesso em: 03 fev. 2016, 22:24:27.

a informação calar bem fundo. Pense nos rapazes que você conhece e com os quais se importa. Quase três em cada quatro deles consomem *regularmente* uma dieta de cenas destrutivas e degradantes. Só nos resta imaginar como a mente de uma geração inteira vem sendo afetada.

Durante anos, as pessoas acharam que a pornografia era um problema restrito ao universo masculino, mas está claro que esse não é mais o caso. Agora um em cada três usuários de pornografia é mulher, e elas estão alcançando rápido o número de usuários do sexo masculino. Uma fonte afirma que 34% das mulheres que frequentam uma igreja admitem visitar *sites* pornográficos *on-line*.[2]

Se você está lendo este livro, talvez se sinta inclinado a compartilhar a minha preocupação. Contudo, se pensa que estou exagerando na minha reação, ao menos considere que o percentual mais alto de consumidores de pornografia é de crianças de 12 a 17 anos.[3] Essas crianças não estão apenas observando; mais de 1 em 5 meninas adolescentes dizem ter postado fotos nuas ou seminuas de si mesmas *on-line*. Esses números não chegam nem a arranhar a superfície do que acontece em serviços como Snapchat e Tumblr.

Como se não bastasse tudo isso, não é apenas olhar e desejar que está metendo as pessoas em apuros. O simples fato de se conectar, ou reconectar, com novos amigos ou antigas

---

[2] SPAULDING, Pam. "Christian Women Increasingly Suffering from Sexual Addiction", **AlterNet**, October 17, 2007. Disponível em: <http://www.alternet.org/story/65469/christian_women_increasingly_suffering_from_sexual_addiction>. Acesso em: 03 fev. 2016, 22:40:13.
[3] TIANO, Danielle. "Statistics", **Temptation of a Generation**, n.d. Disponível em: <http://www.temptationseries.com/statistics.html>. Acesso em: 03 fev. 2016, 23:02:42.

paixões por meio das mídias sociais é fonte substancial de tentação para muitos. Cada vez mais estudos vêm correlacionando o uso de mídias sociais com índices mais elevados de infidelidade conjugal.

Aqui está parte das evidências:

> Estudos anteriores também sustentam a conclusão de que existe uma relação entre o estabelecimento de contato por redes sociais e problemas conjugais. Ajustando-se os dados segundo outras variáveis, 32% dos usuários pesados das mídias sociais dizem já ter considerado seriamente a possibilidade de deixar o cônjuge, comparados com 16% das pessoas que não usam redes sociais, de acordo com uma pesquisa de 2011 da Universidade do Texas em Austin, conduzida com 1.600 pessoas casadas de 18 a 39 anos. Essa é uma das poucas — se não a única — pesquisas representativas disponíveis para o público nos Estados Unidos que contêm perguntas sobre tanto o uso das redes sociais quanto dos indicadores de bem-estar conjugal, acrescenta Valenzuela. Um terço dos pedidos de divórcio no Reino Unido contém a palavra Facebook, descobriu uma pesquisa de 2011 conduzida pelo *site* Divorce On-line, de serviços legais.[4]

Seria injusto culpar o Facebook e outros *sites* ou tecnologias de mídias sociais pelos casos de adultério. O Facebook não faz ninguém trair. As pessoas *decidem* trair. Mas temos

---
[4] FOTTRELL, Quentin. "Does Facebook Break Up Marriages?", **MarketWatch**, July 13, 2014. Disponível em: <http://www.marketwatch.com/story/does-facebook-break-up-marriages-2014-07-07>. Acesso em: 03 fev. 2016, 3:12:04.

acesso a muitas oportunidades *on-line* que — sem responsabilizar ninguém — podem transformar bênçãos tecnológicas em maldições.

5.4 SÓ OLHANDO

Quando comecei a escrever livros cristãos, não me daria ao trabalho de desperdiçar palavras explicando por que ficar olhando libidinosamente para imagens eróticas é errado. Quase todo mundo que busca Deus concordaria sem questionar que olhar imagens ou vídeos que provocam pensamentos ou atos lascivos é imoral.

Não é mais assim hoje.

Isso me leva ao segundo ponto do ataque contra a nossa integridade. Com o tempo e o uso repetido, a tecnologia está corroendo tanto as nossas crenças morais quanto o nosso compromisso de agir baseados no que acreditamos. De acordo com um estudo, "aproximadamente dois terços (67%) dos jovens adultos e metade (49%) das jovens adultas hoje acreditam que ver pornografia é aceitável".[5] Em uma única década, os padrões do que é considerado certo e errado mudaram inequivocamente, talvez mais depressa do que em qualquer outra época da História. Hoje até membros fiéis de igreja retrucam: "Qual o problema se vejo pornografia? Ninguém tem nada que ver com isso. Não estou fazendo mal a ninguém". Alguns cristãos

---
[5] WEISS, Daniel. "Pornography U.: Emerging Adults and Pornography Use", **Rock**, April 6, 2011. Disponível em: <http://www.citizenlink.com/2012/01/27/pornography-u-%E2%80%93-emerging-adults-and-pornography-use/>. Acesso em: 09 fev. 2016, 23:27:29.

inclusive me perguntaram: "Ver pornografia não é melhor do que sair e pecar com outra pessoa?".

Não. Pecado é pecado, tenha lugar na nossa mente, no nosso coração ou no nosso corpo. As consequências do nosso pecado, é evidente, variam de acordo com os atos por nós praticados. Mas muita gente está se convencendo de que ver pornografia não tem nenhuma consequência e não faz mal a ninguém. Mas isso não é verdade. O que costumava ser considerado errado foi aos poucos se tornando tolerável até passar a ser aceito por muitos, se não pela maioria.

Por exemplo, cliquei hoje em um *link* de notícias, a partir de uma postagem no Twitter, com o intuito de ler sobre determinada crise no Oriente Médio. No rodapé da página, havia anúncios para outros artigos, não relacionados, em que se podia clicar. Para ser franco, as imagens não me chocaram. Vejo anúncios semelhantes várias vezes por semana em *sites* de notícias respeitados. Mas o que se tornou normal, se considerado com certo distanciamento, é tudo, menos normal. Bem ali, na minha frente, havia uma loira quase nua. Ela conseguia cobrir as partes que tornariam a foto inaceitável, acentuando ao mesmo tempo características que com certeza chamavam a atenção. Bem ao lado daquela imagem havia um casal nu na cama. Claro, suas "partes" estavam cuidadosamente (embora muito mal) encobertas por lençóis, mas não ficara muita coisa de fora, a cargo da imaginação. O artigo, se é que se podia chamá-lo assim, recebera o título sedutor "Sete dias para deixar o seu amante louco na cama". (Observe que a promessa é de sete dias para satisfazer não o *cônjuge*, mas o "amante".)

Os tempos mudaram.

No entanto, isso não significa que a moralidade deva mudar. Mesmo que todo esse material *sexy* seja agora normal, não quer dizer que tenha se tornado certo. Não importa quanto a nossa cultura tente normalizar o que Deus chama de pecado, passar a ser "normal" não converte em certo o que está errado. O apóstolo Paulo diz isso sem rodeios: "Entre vocês não deve haver *nem sequer menção* de imoralidade sexual como também de nenhuma espécie de impureza e de cobiça; pois essas coisas não são próprias para os santos" (Efésios 5.3). Nem menção!

Tenho certeza de que você sabe o que é menção, mas façamos um pequeno jogo. Vou dar alguns exemplos, e você me dirá se há neles alguma menção de imoralidade sexual. Começaremos com perguntas fáceis e passaremos para outras menos óbvias.

Se alguém posta uma imagem sexualmente explícita, isso é menção de imoralidade?

Claro que sim. Essa foi fácil demais.

O que dizer de um anúncio sugestivo, com a imagem de uma pessoa quase nua? É menção ou não?

Anos atrás, rapazes adolescentes do meu grupo de jovens confessaram sentir um desejo sexual ardente diante de anúncios no jornal de lojas de departamentos com modelos usando sutiãs e calcinhas. Se aquilo criava desejo, com certeza o mesmo — se não pior — acontece com anúncios mais sugestivos.

E quanto a uma postagem obscena no Twitter ou uma piada suja postada no Facebook?

De novo, para Deus, isso caracterizaria mais do que uma menção.

E postar um *meme* do Ryan Gosling quase nu no Pinterest? Por mais bonito que ele seja, isso também entra na categoria de zona imprópria para Deus.

Você talvez se sinta tentado a parar de me levar em consideração julgando-me um religioso antiquado. Por mim, ótimo. Se você não se esforça para conhecer e seguir Jesus, então tudo bem; a opção é sua. Mas se deseja viver de modo que honre o nosso Salvador — se quiser seguir Jesus em um mundo saturado de pecado, voltado para si mesmo pelas lentes de uma *selfie* — nesse caso, terá de agir diferente.

É sério. Nem uma menção.

As nossas convicções devem ser guiadas pelos princípios atemporais de Deus, não pela opinião popular sempre corrosiva sobre o que por acaso se considera aceitável hoje. Precisamos nos manter firme na nossa fé, travando a batalha contra as tentações e os hábitos pecaminosos que o nosso inimigo usa alegremente para evitar que conheçamos Deus e amemos os outros. Se quisermos que o nosso coração permaneça intacto e íntegro, não maculado pelo desejo sexual nem assombrado por imagens impuras, devemos estabelecer limites para o que acessamos por intermédio da tecnologia.

Isso pode soar improvável na melhor das hipóteses, ou impossível na pior. Mas quero encorajar você a acreditar que Deus não pediria a você para fazer algo sem dar poder para isso. Se você está #naluta nessa área neste exato momento, a sério ou só de vez em quando, ou se apenas quer purificar o uso que faz da tecnologia, continue lendo.

Com Deus, tudo é possível, e ele dá o poder para nadar contra a corrente cultural da nossa sociedade hipersexualizada.

5.5 DIVISAS AGRADÁVEIS

Se vamos seguir Cristo com integridade, devemos usar a tecnologia com sabedoria. A Bíblia é mais do que clara de que enganamos a nós mesmos se pensamos ser possível flertar com o desejo sexual sem contribuir com a destruição da nossa alma. Salomão, o homem mais sábio que já existiu, alertou o filho contra a tentação de seguir o tipo errado de mulher: "Fique longe dessa mulher; não se aproxime da porta de sua casa" (Provérbios 5.8).

Observe que ele não disse: "Pode olhar, apenas não toque". Ou: "Ei, filho, certifique-se de usar proteção". Que nada! Em essência, Salomão vociferou: "Está maluco?! *Caia fora!* Não chegue nem perto da margem do pecado". Por estranho que pareça, na nossa cultura, muita gente quer fazer justamente o oposto, para ver quão perto consegue chegar da confusão sem cruzar a fronteira. Mas a Palavra de Deus nos ensina a ficar tão longe da tentação quanto possível.

Adoro o jeito com que Davi formula essa ideia em Salmos 16.6: "As divisas caíram para mim em lugares agradáveis". Deus fincou cercas ou divisas, e sou muito grato a ele por isso. Elas mantêm as coisas boas dentro e as ruins, fora. Suas fronteiras são projetadas não para me confinar, mas sim para me proteger.

Pense nisso. A maioria das pessoas que conheço não planeja arruinar a própria vida. Não conheço ninguém que pense: *Se eu conseguir me conectar com um antigo namorado pelo Facebook, posso arruinar completamente a minha vida. Quase sou capaz de garantir uma separação feia, cheia de advogados caros ajudando-nos a brigar pela divisão dos bens e pela custódia das crianças. Posso arruinar o meu marido e jogar uma bomba nuclear de sofrimento sobre a vida dos meus filhos. E passar os próximos anos da minha vida tentando me perdoar, reconstruir a minha vida e limpar o meu nome.* Ninguém traça planos assim, mas esse tipo de coisa acontece *todos os dias*.

O mesmo vale para a pornografia. Não conheço um único homem que quisesse arrasar a esposa que ama quando ela descobrisse seu "segredinho". Mas uma olhada rápida, seguida de um clique, com frequência leva a um vício aparentemente impossível de ser vencido.

Portanto, se você pretende amar a Deus de todo o coração, de toda a sua mente e de toda a sua alma, terá de ser determinado no que diz respeito à proteção desse mesmo coração, mente e alma. Para seguir Jesus no nosso mundo autocentrado, cheio de desejos sexuais, será sensato da sua parte estabelecer alguns limites *on-line* com o objetivo de preservar a própria segurança. Antes que a tentação o alcance, encontre formas de afastá-la o máximo que puder.

Estou longe de ser perfeito, mas me permita compartilhar com você as defesas que estabeleci para me manter seguro. Essas salvaguardas são divisas agradáveis para mim. Em vez de esperar que eu tenha forças para fugir do problema quando a tentação bater à minha porta, resolvi dar o meu melhor para evitar que ela até mesmo se aproxime. Enquanto explico o que faço, lembre-se de que se trata de estratégias que se aplicam à minha vida.

Conhecedor das minhas fraquezas e vulnerabilidades, resolvi eliminar toda a tentação (em que consigo pensar) do meu computador usando um *software* de rastreamento que envia uma lista detalhada (e classificatória) de cada clique que dou.

Cada um deles.

Esse *software* envia um relatório semanal a dois sujeitos diferentes, ambos com autoridade para me afastar do papel de pastor que ocupo hoje. Se eu não estabelecesse esse limite, poderia haver momentos em que me descobrisse vulnerável. Mas há muito tempo não me sinto vulnerável diante de um computador porque fechei essa porta anos atrás. Com força. Com pregos. Com tranca. Agora que não tenho nenhum acesso, nunca sou tentado. Para mim não existe mais a opção de ultrapassar os limites e saltar para dentro de um abismo que me destroçaria o meu coração, destruiria o meu casamento e desestabilizaria o meu chamado. Essas são três das muitas razões pelas quais essa divisa é agradável, necessária e me liberta.

5.6 #SEJASINCEROCONSIGOMESMO

Agora que já me abri com você, é a sua vez. Com o intuito de ajudar você nesse processo, farei algumas perguntas. Para aumentar a sua chance de viver com integridade *on-line*, você precisa tomar como ponto de partida só dizer a verdade.

Onde você é fraco?

Onde é vulnerável?

Onde você tem maior probabilidade de ser pego em uma armadilha que poderia destruir aquilo a que dá mais valor?

Este é um momento importante. Seja honesto.

A sua força tem a medida da sua sinceridade.

Quero que você pare um instante e pense em quando fica mais vulnerável. Talvez seja quando viaja. Você está longe de casa. Trabalhando muito. Sentindo-se solitário. E a tentação ataca. Ou talvez seja quando você se sente entediado. Sem muita coisa acontecendo em uma tarde de sábado, a mente começa a divagar. Você passeia pelas mídias sociais. Poucos cliques depois, pode acabar em um lugar aonde não deveria ir.

Talvez você se distraia com facilidade quando está com raiva, ansioso ou sobrecarregado. Quando não se sente bem em relação a alguma coisa, pode perceber-se mais vulnerável do que nos momentos mais saudáveis. Pode se sentir tentado a arrumar confusão quando o seu cônjuge está fora da cidade. Sem muito para fazer, a confusão parece encontrá-lo com facilidade. Ou talvez você esteja vulnerável quando procura alguma coisa para ver no Netflix ou navega "inocentemente" pelo Instagram. Começa bem, mas acaba mal — outra vez.

Talvez a sua situação já tenha atingido um ponto ainda pior. Talvez você tenha cruzado algumas fronteiras há muito tempo, e hoje vê com frequência quase diária coisas perigosas à sua fé e nocivas à sua alma. Talvez você tenha enviado ou recebido imagens ou textos impróprios.

Seja franco.

A sua força tem a medida da sua sinceridade.

Uma vez determinados os seus pontos mais vulneráveis, você há de querer definir limites. Se não tiver um muro forte de defesa, erga um. Se houver pontos vulneráveis onde antes havia um muro sólido, tape essas lacunas e elimine os pontos de acesso óbvios. Caso se sinta mesmo que remotamente tentado, ou pense que talvez esteja vulnerável, planeje hoje se manter longe da confusão amanhã.

O mais provável é que você não se sinta tentado por tudo o que sugeri. No entanto, se interessa a você descobrir como estabelecer as próprias salvaguardas, por favor, estude bem o Apêndice 2 no fim do livro. Talvez você já conheça outras maneiras de se proteger de hábitos problemáticos. Seja sincero consigo mesmo e faça todo o possível para estabelecer medidas protetoras. Se assistir a vídeos questionáveis no YouTube pode ser uma tentação para você, delete o aplicativo. Se o seu dispositivo não permitir que ele seja deletado, use um aplicativo de bloqueio com senha conhecida apenas por parceiros de confiança. Nenhum *vlog*[6] de paródia ou vídeo de gato vale a sua vulnerabilidade. Se você se mete constantemente em confusão graças à sua *smart TV*, encontre maneiras apropriadas de bloquear a fonte do problema. Mas, se isso não for possível, troque o aparelho *smart* por um menos inteligente.

Sim, nunca falei tão sério.

O mesmo vale para as mídias sociais. Caso você se pegue revisitando pessoas, *sites*, fotos ou vídeos que prejudicam o seu relacionamento com Deus, a pureza da sua mente e a intimidade entre você e o seu cônjuge (atual ou futuro), abandone as redes sociais. Antes de fechar este livro de uma vez por todas (ou deletar o iBook) e começar a tuitar coisas odiosas a meu respeito, pare e pense um pouco no que estou dizendo. Se você não é cristão, não tem de se preocupar com nada do que estou dizendo. Mas, se deseja de fato honrar a Deus, viver segundo seu Espírito Santo e evitar até a *sugestão* de imoralidade sexual, então abra mão das mídias sociais.

Acredite ou não, antes de nós, todo mundo viveu séculos sem a capacidade de pulverizar os próprios pensamentos em

---
[6] Referência a videoblogue, uma variante dos blogues em que os vídeos formam o conteúdo principal. [N. do R.]

140 caracteres ou menos, a serem lidos por algumas pessoas que de qualquer forma nem prestam muita atenção, mais preocupadas com o que *elas* dirão a seguir. Nenhum retuíte, comentário ou curtida vale o veneno que contaminará a sua alma e prejudicará os seus relacionamentos com aqueles a quem você mais ama.

Nem pensar.

Mas não paremos por aqui. Já que estamos dando asas à imaginação na busca da pureza *on-line*, se você for casado, permita-me sugerir que você dê ao seu cônjuge livre acesso a todas as suas senhas. Afinal de contas, não deveríamos guardar nenhum segredo dele, certo? Se não temos nada a esconder, por que não lhe conceder esse acesso pleno? Ou, melhor ainda, você poderia até considerar a possibilidade de compartilhar contas, quando possível. Conheço muitos casais que têm um perfil compartilhado no Facebook e amam o fato de jamais precisarem se preocupar com o que seu amado ou sua amada anda fazendo ou falando.

Você também pode criar algumas regras pessoais. Talvez definindo que não mandará mensagens de nenhuma espécie para alguém do sexo oposto a menos que seja obrigado por questões de trabalho. Ou que em hipótese alguma compartilhará informações pessoais ou sugerirá qualquer coisa que possa ser considerada questionável.

Portanto, pense um pouco em tudo isso. Onde você é frágil ou vulnerável? E o que fará em relação a isso?

5.7 O PREÇO DA PAZ

Se parar para pensar, você verá que ninguém tropeça rumo à retidão. As pessoas caem em pecado todos os dias.

> As pessoas caem em pecado todos os dias. Mas ninguém cai em santidade sem querer.

Mas ninguém cai em santidade sem querer. Isso requer escolhas deliberadas, compenetradas e que se percorra um caminho intencional, o que nos leva ao terceiro ponto de estresse em que a tecnologia costuma destruir a nossa integridade: privando-nos da paz.

A paz é uma coisa engraçada. Temos a tendência de pensar nela como a ausência de conflito, o período entre guerras e batalhas militares em que lados opostos pelo menos fingem se dar bem. (Isso lembra alguns casamentos?) Seja a "paz e tranquilidade" almejada pela mãe que passa o dia em casa com os filhos jovens ou o objeto da negociação entre líderes políticos mundiais, todos temos a tendência de pensar na paz como esse estado tranquilo, calmo e sereno do ser.

Na cultura judaica, contudo, o termo *shalom*, traduzido por "paz", tem um significado muito mais rico e pleno do que apenas "se dar bem" com todo mundo. Na verdade, *shalom* é um dos princípios básicos da Torá, os cinco primeiros livros da Bíblia que os judeus consideram fundamentais para a própria história. *Shalom* diz respeito não apenas ao tipo de paz pessoal pelo qual com frequência ansiamos, mas também um ambiente harmonioso e um senso de que vai tudo bem no mundo.

Shalom diz respeito a viver a plenitude de quem Deus o criou para ser e a desfrutar da abundância das bênçãos que ele derrama sobre você. Esse tipo de paz inclui um sentimento de confiança e bênção porque você sabe quem é e o que se espera que faça. Compreende também um senso de segurança, uma capacidade de relaxar e não querer tentar controlar tudo, porque você é capaz de confiar na bondade de Deus, bem como no plano que ele traçou. Interessante é que essa paz, *shalom*, não se pode fazer por merecer, como o pagamento por uma semana de trabalho. Ela vem como um dom gratuito; basta nos dispormos a recebê-la.

Todos afirmamos desejar mais paz, porém me pergunto se reconhecemos as coisas que costumam nos roubar a paz que Deus dá. Como a conferência obsessiva do nosso *e-mail* por medo de perder alguma coisa, quando poderíamos estar desfrutando de um tempo com Deus, com a família ou com um amigo próximo de quem estávamos com saudade. Como responder aos *e-mails* para nos certificarmos de que todo mundo nos vê como alguém que trabalha duro, supereficiente, quando deveríamos estar concentrados em prioridades mais importantes. Como passar tempo navegando durante cerca de uma hora mais ou menos para fugir de uma conversa difícil. Como ficar obcecado pelo mais novo e quente jogo de celular quando deveríamos estar brincando com os nossos filhos. Como entorpecer a dor da nossa vida clicando nos "*sites* errados" à procura de uma fuga libidinosa da realidade.

Eis o que muita gente não percebe: quando usamos mal a tecnologia, roubamos de nós mesmos a paz pela qual ansiamos desesperadamente, pois até a fuga momentânea é seguida de ondas de culpa intensa. Queremos entorpecer a dor, mas ela continua do outro lado da nossa farra, só que pior. Amamos a distração fugaz, mas então a realidade grita conosco, e as nossas responsabilidades se acumulam. Amamos a emoção do desejo sexual, mas o medo de sermos pegos nos assombra e nos rouba sono e paz. Como quem morre de sede e engole água salgada, o que se supõe que satisfaça apenas intensifica a nossa necessidade. E a vida segue como de hábito. Mais estresse. Mais ansiedade. Mais preocupações.

E menos paz.

Todo mundo fala em viver ocupado demais e ansiar por mais descanso, mas não muitos estão dispostos a guardar a integridade se desconectando e protegendo a paz pessoal.

Um modo de medir a paz na sua vida é pensar sobre o seu nível de satisfação e contentamento. Você vive lutando por mais, tentando acompanhar os amigos do Facebook e seus seguidores no Twitter? Ou é capaz de dar valor às enormes bênçãos que desfrutou hoje — uma cama sobre a qual dormir, comida com a qual se alimentar, uma família para amar, amigos para desfrutar, um carro para dirigir e um emprego que o supra de renda?

Tenho convicção de que a nossa paz (ou sua ausência) tem relação direta com aquilo em que nos concentramos a cada dia. Não precisamos de montes de conhecimento especializado ou da vontade de um super-homem para alcançar a paz. Necessitamos apenas continuar prestando atenção no que fazemos com o nosso tempo. Se estivermos preocupados em fugir da dor da vida, evitar problemas e tentar controlar a nossa imagem para o resto do mundo, então não desfrutaremos de grande paz. E, quanto mais buscarmos navegar em pornografia, alimentar o vício em compras ou nos jogos *on-line*, ou invejarmos os outros por tudo o que eles parecem ter *on-line*, mais miseráveis, inquietos e ansiosos nos sentiremos.

Garantido.

A Bíblia é bastante clara acerca de como podemos cultivar a paz de Deus e dela desfrutar, bem como quanto aos modos pelos quais podemos perdê-la. Quando nos preocupamos e nos atormentamos com o que não temos, o que gostaríamos de ter, o que outra pessoa pensa de nós ou quanto invejamos os outros, a paz interior permanece imprecisa. As Escrituras ensinam: "A preocupação e a ansiedade deprimem, mas uma palavra de apoio traz ânimo" (Provérbios 12.25, *A Mensagem*).

Sempre que a tecnologia aumenta a nossa preocupação, sempre que nos ajuda a fragmentar a nossa atenção e compartimentalizar o nosso coração, ela também mata nossa paz. Preocupamo-nos quando depositamos confiança nas nossas próprias habilidades em vez de confiar em Deus. Mas sua Palavra nos diz: "Não andem ansiosos por coisa alguma, mas em tudo, pela oração e súplicas, e com ações de graças, apresentem seus pedidos a Deus. E a paz de Deus, que excede todo o entendimento, guardará o coração e a mente de vocês em Cristo Jesus" (Filipenses 4.6,7).

Se nos falta a paz, vivemos estressados e com medo. Perguntamo-nos sempre quando o próximo problema surgirá, o próximo conflito se levantará, a próxima crise se abaterá. Mesmo se vai tudo bem, prendemos a respiração, esperando o tempo todo a próxima desgraça. (Ela sempre vem, não é mesmo?) É duro sermos sinceros na nossa busca por Deus quando os nossos pensamentos estão contaminados pela preocupação e pela ansiedade. Em vez disso, deveríamos deixar

> É duro sermos sinceros na nossa busca por Deus quando os nossos pensamentos estão contaminados pela preocupação e pela ansiedade.

"que a paz de Cristo seja o juiz em seu coração, visto que vocês foram chamados para viver em paz, como membros de um só corpo. E sejam agradecidos" (Colossenses 3.15).

Agora é o momento perfeito para ser brutalmente franco.

Você está viciado em alguma coisa *on-line*? Está procurando fomentar o seu desejo sexual? Gastando sem controle? Navegando sem parar? Jogando sem parar? Apostando com obstinação? Percorrendo páginas após páginas sem cansar?

Fale a verdade.

Embora nunca seja divertido ou fácil livrar-se de um vício *on-line*, você se surpreenderá com a rapidez com que a sua paz será restaurada a partir do momento em que entregar o problema a Deus. Porque, se você fala sério em buscar a cura divina, Deus virá ao seu encontro onde quer que você esteja.

Assim, caso você se descubra sufocado pela tentação virtual, lembre-se de que isso não surpreende o Senhor. Ele sabe o que você vem enfrentando e está pronto para traçar um plano que o ajude a encontrar liberdade. Paulo nos apresenta esta promessa extraordinária: "Não sobreveio a vocês tentação que não fosse comum aos homens. E Deus é fiel; ele não permitirá que vocês sejam tentados além do que podem suportar. Mas, quando forem tentados, ele mesmo providenciará um escape, para que o possam suportar" (1Coríntios 10.13). Não deixe de prestar atenção no poder dessas palavras.

Deus proverá uma escapatória.

Qual a sua? Não sei. Poderia ser algo dramático. Mas seja franco. Você é uma pessoa inteligente. Se bastasse um pequeno ajuste para solucionar os seus problemas, você o teria implementado há muito tempo.

A sua escapatória poderia ser confessar ao seu cônjuge, ao seu melhor amigo, ao seu pequeno grupo ou ao seu pastor. Poderia ser deletar um aplicativo e certificar-se da impossibilidade de instalá-lo de novo. Talvez você necessitasse restringir o acesso a seu celular, ao iPad, ao iPod, ao Kindle, ao seu computador, à sua TV e a tudo mais que fosse preciso para não conseguir ver o que não deveria. Não sei o que você necessita fazer. Mas é grande a probabilidade de que você já tenha ideia do que é.

Deus promete dar a você uma escapatória.

Tiago nos orienta: "Portanto, submetam-se a Deus. Resistam ao Diabo, e ele fugirá de vocês. Aproximem-se de Deus, e ele se aproximará de vocês!" (Tiago 4.7,8).

Se você quer ser uma pessoa íntegra, talvez seja hora de se submeter a Deus como nunca. É o ponto de partida. Então, com o poder de Cristo, você pode resistir ao Diabo e a todas as suas *e-tentações*. É trágico, mas muita gente faz justamente o contrário. Resiste às incitações de Deus e cede às tentações do Maligno. Mas não será esse o seu caso. Nem o meu.

Pelo contrário, viveremos com integridade *on-line*. Porque a nossa vida não nos pertence. Não satisfaremos os desejos sexuais autocentrados da nossa carne, porque nascemos do Espírito. Não permitiremos que a verdade amorosa de Deus resvale para a areia movediça da opinião popular e nos afunde em padrões inferiores. Guardaremos a nossa paz. Não permitiremos que o modo de usarmos a tecnologia roube os nossos propósitos, a nossa paixão e o nosso poder.

Ao orarmos, Deus nos concederá sabedoria para estabelecer divisas e salvaguardas agradáveis para manter a tentação tão longe quanto possível. E, ao sermos tentados, saberemos que Jesus já nos deu uma rota de fuga.

Nós o buscaremos, veremos sua escapatória e por ela enveredaremos.

Contamos com seu poder para vencer o pecado. Temos seu Espírito para nos conduzir em retidão. Temos sua presença para nos manter puros.

Seremos inteiros.
Completos.
Conheceremos a paz do Senhor.

Capítulo 6

Relembrando o encorajamento
Na luta contra a crítica constante

Qualquer tolo é capaz de criticar, condenar e reclamar, mas compreender e perdoar requerem caráter e autocontrole.
Dale Carnegie

Não sei por que deixei que me afetasse, mas deixei. Não suporto ver um comportamento imoral ser aceito como se o fato não tivesse importância. Por isso sempre me pego deixando comentários maldosos e observações críticas acerca de todos os tipos de questões políticas, sociais e espirituais — tudo, desde o controle de armas e o aborto até a última celebridade que saiu do armário. Como não preciso assinar o meu nome, só o meu usuário, sinto-me livre para ser cruel, crítico e absolutamente maldoso às vezes. Não creio que Deus aprove alguns dos comentários que venho deixando em postagens em diversos *sites* e blogues. Mas, por alguma razão, continuo a fazê-lo.
Tim P.

É só um pequeno blogue em que escrevo sobre moda, maquiagem, acessórios — sabe como é, coisas de mulher. Ultimamente, no entanto, parece que, não importa o que eu poste, sou criticada com severidade porque me consideram elegante e ultrapassada demais, jovem e infantil demais, ou velha e matrona demais. Uma pessoa que costuma deixar comentários, luvzshoes261, adora me pôr para baixo. A princípio, tentei responder e perguntei se podíamos conversar *offline*, mas ela ignorou meus pedidos. Acho que ela gosta da atenção que recebe ao ser uma crítica constante. Sei que eu não deveria ser tão sensível, só que não aguento mais. Não vejo outra opção, a não ser deletar o meu blogue.
Amanda B.

Pastor ainda jovem, criado na igreja, sei que precisamos ter um *website* e aproveitar os diversos benefícios das mídias sociais. Mas me canso de todos os críticos anônimos que se sentem "dirigidos pelo Senhor" para compartilhar sua mais recente "preocupação" com a nossa igreja. Alguns comentam sobre as seleções de músicas, enquanto outros criticam seriamente o meu sermão da semana. Há quem deseje mais grupos comunitários, enquanto outros, pelo contrário, pedem a escola dominical. Não há como todos concordarem com o modo em que a nossa igreja deve ser. Mas, para ser franco, se eu pudesse, adoraria acabar com os nossos *sites* e páginas em mídias sociais — ou então encontrar um jeito de obrigar os críticos a se identificarem.
Jerry W.

6.1 PELO MUNDO PARA SEMPRE

No dia 7 de setembro de 2012, uma jovem adolescente postou um vídeo pavoroso de nove minutos no YouTube, intitulado *Amanda Todd's Story: Struggling, Bullying, Suicide, Self Harm* [A história de Amanda Todd: luta, *bullying*, suicídio e automutilação]. No vídeo, essa menina tímida e vulnerável exibe lentamente cartões manuscritos detalhando a dor que suportara depois de confiar em alguém que conhecera no Facebook. A história começa bastante inocente, mas, pensando bem, é assim que começam todas as histórias, não é?

A menina curiosa da sétima série conheceu *on-line* um sujeito agradável e lisonjeador. O amigo recém-descoberto no Facebook de Amanda era charmoso e sabia exatamente o que dizer para deleitar seu jovem coração. Derramou-se em cumprimentos generosos, falando sem parar sobre quanto Amanda era linda. Depois de conquistá-la aos poucos, passou a fazer exigências. Durante um ano, o homem suplicou que a menina lhe mostrasse os seios nus. Como ela confiava no sujeito e gostava de sua atenção, mesmo relutante, acabou cedendo.

Amanda jamais poderia ter imaginado quanto essa decisão a prejudicaria.

Algum tempo depois, ela começou a receber ameaças de seu "amigo" para fazer um *show*, ou sua foto de *topless* cairia na rede para o mundo inteiro ver. Seus amigos. Seus pais. Seus professores. Todo mundo a veria se ela não concordasse com suas exigências. No amanhecer do Natal de 2010, a polícia chegou às 4 horas da manhã na casa dela com a má notícia. Sua foto nua se tornara pública e agora circulava livremente na Internet, a uma velocidade maior a cada minuto. O pior pesadelo de Amanda se concretizara. E esse foi só o começo. Imagine como a ridicularizaram na escola. Os amigos se voltaram contra ela. Os boatos correram. Os garotos apontavam e cochichavam. Envergonhada e sem ver alguma saída para a situação, a jovem Amanda começou a sofrer uma lenta e agonizante morte por dentro.

Em seu hoje famoso vídeo no YouTube (que já recebeu mais de 19 milhões de visualizações), Amanda manteve o tempo todo erguido um cartaz simbolizando o caráter peremptório de seu erro. Ela disse: "Nunca poderei pegar a minha foto de volta. Ela está por aí, pelo mundo, para sempre". Por Amanda não ter mais esperança e se sentir deprimida, a família a transferiu para uma nova casa e uma nova escola, esperando que ela pudesse recomeçar do zero e fazer novos amigos. Mas seu passado se recusava a deixá-la. Para aguentar a pressão, ela começou a se cortar e recorreu às drogas e ao álcool, o que só piorou as coisas. Ansiedade, depressão e pânico se instalaram. Um ano depois, o mesmo homem criou uma página no Facebook usando a foto humilhante de Amanda como sua foto de perfil. Acrescentando insulto à injúria, ele entrou em contato com os novos amigos dela e em pouco tempo todo mundo da nova escola sabia da página do passado de Amanda.

Ansiando novamente por um porto seguro, a família de Amanda a transferiu para ainda outra escola. Cada vez que ela passava para uma nova escola, no entanto, uma nova página surgia no Facebook com sua decisão constrangedora em exposição para o mundo inteiro ver. Após retomar o contato com um "velho amigo", Amanda fez sexo com ele durante as férias escolares, apesar de ele ter uma namorada. Acreditava de verdade que o sujeito gostava dela. Não percebeu que só havia uma coisa que ele queria.

Na semana seguinte, a namorada do rapaz e cerca de outras 15 pessoas confrontaram Amanda, gritando obscenidades e insultos contra ela na frente de uma multidão bem maior. Crianças gritavam "Olhe à sua volta! Ninguém gosta de você!", entre vários outros insultos que me recuso a pôr no papel. Por fim, alguém exclamou: "Deem logo um soco nela!". Foi quando a surra começou. Estudantes capturaram seu castigo pela câmera dos celulares, imortalizando a violenta agressão. No momento em que a turba deu por encerrada o que fora fazer, Amanda, gravemente ferida, fugiu para a segurança de uma valeta, onde permaneceu até o pai a encontrar.

Era mais do que ela podia suportar. Com a esperança de dar um basta na dor, tomou água sanitária para pôr fim à vida. Felizmente paramédicos conseguiram levá-la ao hospital e salvar-lhe a vida bombeando seu estômago. Estudantes cruéis postaram *on-line*: "Ela mereceu. Espero que morra". Outros recomendaram que ela tentasse outra marca de água sanitária e fizeram zombarias como: "Espero que da próxima vez ela morra".

Enquanto a música toca no fundo do vídeo lúgubre de Amanda, o tempo se arrasta. O rosto dela permanece quase invisível a distância. Um a um, ela vai mudando os cartões, revelando capítulo após capítulo da própria história dolorosa. Admite que errou. Não há dúvida quanto a isso. Mas não mereceu sofrer *bullying*, críticas e uma vergonhosa exposição pública. Os últimos dois cartões diziam: "Não tenho ninguém. Preciso de alguém. [rosto triste] Meu nome é Amanda Todd".

E o vídeo termina.

No dia 10 de outubro, um mês apenas depois de postar seu vídeo, Amanda tirou a própria vida.

6.2 FALE NA MINHA CARA

Infelizmente, a história de Amanda não é rara. Mais e mais pessoas estão sendo vítimas de *cyberbullying*. Os estudos mais recentes mostram que *mais da metade* de todos os jovens que usam as mídias sociais vem sofrendo *bullying*. E chocantes 95% dos jovens que vivenciaram, ou testemunharam, *bullying* reconhecem que eles e outros não fizeram nada a respeito.[7]

Pense nisso. Pela primeira vez na História, as pessoas são capazes de dizer praticamente tudo o que querem sobre outra pessoa. De maneira imediata, permanente e anônima. Todos os dias, as pessoas tuítam sob a proteção de um nome falso ou uma conta fictícia, podendo fazer a mesma coisa na maioria dos tipos de mídias sociais. Ninguém chama ninguém à responsabilidade. Dizer a verdade não importa mais para algumas pessoas. Deixar os outros em maus lençóis, pespegar ataques verbais contra alvos vulneráveis e criar controvérsias chama a atenção para esses críticos anônimos. Mas o que pode parecer uma diversão inofensiva para quem publica a postagem pode ser devastador para o outro lado da conversa.

Você já leu os comentários após uma reportagem *on-line*? Qualquer *hater* com um computador ou celular tem a liberdade de mostrar em público quanto ele é tolo, e assim o faz! É quase como se a postagem de comentários existisse para pessoas disfuncionais e miseráveis desabafarem suas opiniões sobre *tudo*: a história, o autor, o tema da história, o conteúdo dos comentários alheios ou até o que quem está postando comeu

---

[7] "Cyber Bullying Statistics 2014", **NoBullying.com**, última modificação em 11 fev. 2015. Disponível em: <http://nobullying.com/cyber-bullying-statistics-2014/>. Acesso em: 09 fev. 2016, 21:20:56.

no café da manhã. Você pode falar o que quiser sobre as pessoas, e ninguém sabe ou precisa saber quem você é.

O apresentador do programa *The Tonight Show*, Jimmy Fallon, produziu algum tempo atrás um vídeo revelador sobre Robinson Cano, jogador de beisebol das grandes ligas. Cano jogava para o New York Yankees antes de assinar um contrato enorme, de dez anos, para jogar na segunda base para o Seattle Mariners. Como o New Yorkers ficou muito bravo com Cano por ele abandonar o time, Fallon deu às pessoas a oportunidade de gritar contra uma foto gigante do jogador, e gravou tudo em vídeo. Muita gente vaiou com paixão a foto, berrando comentários indelicados contra seu antes amado herói.

O que esses fãs críticos não sabiam era que Cano estava presente ali, em pé atrás da própria foto! Sempre que o povo se punha a expressar bem alto sua desaprovação em relação a ele, Cano saía do esconderijo e cumprimentava a todos. E as pessoas sempre ficavam encabuladas. A maioria sorria e se desculpava em profusão, explicando que estava brincando e na verdade se sentia honrada em conhecê-lo. Não podemos evitar de rir ao ver essa perfeita ilustração de quem diz coisas ridículas que jamais teria coragem de dizer na cara de alguém. Grande parte da crítica que as pessoas disparam é anônima hoje em dia, ou pelo menos feita a distância, de modo que elas têm dificuldade de perceber seu impacto.

É grande a probabilidade de que você se sinta tentado a unir-se ao partido dos críticos. Quando mais um jogador de futebol é preso, talvez você dê os seus "pitacos" sobre o crime por ele cometido. Ou quando uma celebridade do sexo feminino aparece com um vestido provocante para a mais recente cerimônia de premiação, talvez você exponha ao mundo o que pensa do traje. Se um pastor famoso comete um erro, talvez você conte para todo mundo o que pensa disso em 140 caracteres ou menos.

Ou talvez você opte por ficar quieto.

Só porque você *pode* fazer algo, isso não significa que deva fazê-lo. Compartilhar opiniões às vezes é importante — ajuda muito até, em algumas ocasiões —, mas muito do que acontece *on-line* não passa da pura e velha fofoca.

> Só porque você *pode* fazer algo, isso não significa que deva fazê-lo.

E, como qualquer um pode dizer qualquer coisa, é importante se lembrar de que nem tudo o que se vê *on-line* é verdade. Você foi uma dos 9 milhões de pessoas que em uma semana visualizaram o vídeo do YouTube da jovem que caiu ao dançar de cabeça para baixo? Ao sacudir o corpo plantando bananeira, ela caiu em cima da mesinha de centro e deu início a um pequeno incêndio caseiro. Mas esse incrível fracasso foi na verdade uma peripécia planejada por outro apresentador de um programa de televisão noturno, Jimmy Kimmel, para ver até onde a piada chegaria.

Ou talvez você tenha acreditado na garçonete Dayna Morales de Nova Jersey, que postou no Facebook a foto de uma conta de restaurante de 93,55 dólares, afirmando que um cliente se recusou a dar gorjeta e ainda deixou um bilhete zombando da orientação sexual dela com as seguintes palavras: "Sinto muito, mas não posso dar gorjeta porque não concordo com o seu estilo de vida e como você vive a sua vida". A postagem viralizou. As pessoas se sentiram compreensivelmente insultadas e desabafaram em todos os fóruns possíveis. Muitas chegaram a enviar dinheiro a Morales como expressão de seu apoio.

O problema é que a história não era verdadeira. Ultrajados, os clientes em questão forneceram a um grupo de notícias de New York uma cópia da conta de 93,55 dólares que haviam pago, tirada no mesmo momento que a fotografada por Morales para o Facebook, mostrando uma gorjeta de 18 dólares.[8]

Ou talvez você tenha de fato achado que Paris Hilton postou em seu Twitter: "RIP Nelson Mandela. Seu discurso 'Eu tenho um sonho' foi muito inspirador". Até Paris é mais esperta do que isso — afinal, todo mundo sabe que o famoso discurso é de Jackie Robinson. (Está bem, está bem, só queria ver se você estava prestando atenção. Sim, eu sei que o discurso é de Martin Luther King Jr.)

Talvez, antes de falarmos sobre como deveríamos lidar com alguns desafios *on-line* inevitáveis, deveríamos primeiro nos certificar de que não estamos contribuindo para o problema.

6.3 EI, VOCÊ JÁ OUVIU FALAR...

Ouvi alguém dizer: "Odeio quando as pessoas fofocam a meu respeito. Por isso quase nunca fofoco a respeito de nada, a menos que seja realmente importante. Mesmo assim, só conto para algumas pessoas". É engraçado, mas a declaração reflete com precisão muitas concepções sobre a fofoca:

1. "Sei que é errado fofocar."
2. "Odeio quando as pessoas fofocam sobre mim."

---

[8] Sieczkowski, Cavan. "Family Denies Writing Anti-Gay Message on Receipt for Waitress Dayna Morales, Claims It's a Hoax", **Huffington Post**, November 26, 2013. Disponível em: <http://www.huffingtonpost.com/2013/11/26/family-anti-gay-receipt-hoax_n_4343563.html>. Acesso em: 10 fev. 2016, 00:03:57.

3. "Mas isso na verdade não me impede de fofocar sobre os outros."

Só para deixar tudo muito claro, vamos definir o que é fofoca e o que Deus pensa a respeito. Rick Warren diz: "Quando conversamos sobre determinada situação com alguém que não é parte nem do problema nem da solução, é provável que estejamos fofocando". Antes de tuitar sua opinião, compartilhar um *link* ou postar um comentário, convém se perguntar: "Estou ajudando ou fofocando apenas?". Porque Deus deixa claro como o cristal como se sente em relação à fofoca. Disse Salomão: "Há seis coisas que o SENHOR odeia, sete coisas que ele detesta: [...] a testemunha falsa que espalha mentiras e aquele que provoca discórdia entre irmãos" (Provérbios 6.16,19).

Que forma perfeita de descrever a fofoca: "a testemunha falsa que espalha mentiras" e alguém que "provoca discórdia entre irmãos". Deus odeia tais coisas. Se você é pai ou mãe, sabe como se aborrece quando alguém diz alguma inverdade sobre um dos seus filhos. Pois bem, cada vez que você fofoca sobre alguém, está divulgando boatos sobre um filho de Deus. E ele é um Pai amoroso que odeia a fofoca.

Por estranho que pareça, existe uma atração doentia no pecado da fofoca. Ele nos enreda, fascina, seduz. Reconheço que algum tempo atrás, quando um pastor se envolvia em algum bate-boca *on-line*, eu seguia os tuítes e procurava as *hashtags* para saber o que todo mundo estava falando a respeito. Embora não tomasse parte do compartilhamento das notícias, eu *participava* sim, de outra forma: como espectador. Provérbios descreve muito bem essa estranha satisfação: "Dar ouvidos a fofocas é como comer um doce vencido:

no início é uma delícia, mas as dores logo virão" (Provérbios 18.8, *A Mensagem*).

Se o compartilhamento ou a leitura de fofocas *on-line* é uma área de luta para você, seja franco quanto à razão pela qual se sente atraído por esse tipo de coisa. Pergunte-se e responda com sinceridade: Por que você participa das fofocas? O que o atrai? Por que você é tentado por ela? Que recompensa recebe por participar de fofocas? O que você lucra com isso?

Talvez você seja como muitas pessoas. Conhecer detalhes picantes nos faz sentir importantes, como alguém bem informado, que está "por dentro" das coisas. Às vezes nos deleitamos de verdade ouvindo maledicências. Elas podem justificar uma suspeita secreta que sempre abrigamos, compelindo-nos a pensar: *Eu sabia que havia alguma coisa errada com eles. Jamais confiei de verdade nesse pessoal. Não me surpreende, em absoluto.*

E tem a parte de nós que se sente curiosamente aliviada e um pouco superior quando outra pessoa faz um papelão. Podemos ter os nossos problemas, mas pelo menos não agimos como *essa gente*. Por que nos sentimos melhores quando outra pessoa se encontra assim em maus lençóis? Se nos aprofundarmos na questão, descobriremos, creio, que alguns de nós reviramos a Internet atrás de lixo por estarmos insatisfeitos com a nossa vida. Como nos sentimos miseráveis, gostamos de ver outra pessoa sofrer. Acredito mesmo que esse comportamento seja um reflexo das profundezas do nosso coração pecaminoso.

Mas Deus não nos criou para termos prazer no sofrimento alheio. Somos melhores do que isso.

6.4 #ISSOMEDEIXALOUCO

As pessoas que são alvo de fofoca odeiam isso, e Deus também. Então, antes de postar, comentar ou divulgar um *link*, considere três conjuntos de questões para se manter longe das fofocas *on-line*.

Antes de comentar qualquer coisa *on-line*, faça-se o primeiro conjunto de perguntas: "O que estou prestes a dizer é proveitoso ou danoso? Edificará ou destruirá as pessoas? Qual a minha intenção por trás do que estou prestes a digitar?".

Paulo com certeza jamais sonhou com os avanços tecnológicos de que dispomos hoje. Mesmo assim, tratou diretamente da nossa tendência a fofocar: "Nenhuma palavra torpe saia da boca de vocês, mas apenas o que for útil para edificar os outros, conforme a necessidade, para que conceda graça aos que a ouvem" (Efésios 4.29). Se você pretende comunicar algo torpe, não digite. Não tuíte. Não poste. Como seguidores de Jesus, queremos que tudo aquilo que dizemos edifique as pessoas. A Bíblia exorta: "O homem sem caráter maquina o mal; suas palavras são um fogo devorador. O homem perverso provoca dissensão, e *o que espalha boatos afasta bons amigos*" (Provérbios 16.27).

> Se você pretende comunicar algo torpe, não digite. Não *tuíte*. Não poste. Como seguidores de Jesus, queremos que tudo aquilo que dizemos edifique as pessoas.

Todos odiamos quando fofocam a nosso respeito ou a respeito de alguém a quem amamos, mas nem sempre percebemos com que rapidez resvalamos nós mesmos para a fofoca. Às vezes até achamos que estamos sendo sinceros, quando na verdade estamos apenas disfarçando uma alfinetada. Você sabe do que estou falando. Começamos com algo positivo antes de compartilhar o que pensamos de verdade — a proverbial pílula tingida de dourado.

- "Sempre gostei deste restaurante, exceto pelo péssimo serviço na última vez em que o visitei."
- "Sempre a admirei, mas depois do que ela falou na semana passada..."
- "Durante anos eu o respeitei muito, mas deixe-me contar o que acabo de descobrir."

Também os cristãos são presa fácil do autoengano que se apresenta de maneiras bastante elaboradas. Cristão novo ainda, na época da faculdade, eu não gostava de perder a reunião de oração da noite de quinta-feira porque quem o fazia logo se transformava em alvo. "Precisamos orar por Craig", outros cristãos diriam. "Ele não parece mais tão apaixonado por Deus como antes. Do contrário, estaria aqui orando conosco. Aliás, você soube que ele soltou outra palavra imprópria enquanto se exercitava? Sim, definitivamente precisamos orar por ele." Certa vez, a reunião de oração aconteceu na minha sala de estar, e eu tinha uma prova na manhã seguinte bem cedo. Por volta das 11 horas, anunciei que ia para a cama. Cheguei a ouvir um sujeito comentar com o grupo que precisavam orar por mim porque eu me importava mais com a minha aula do que com a presença de Deus.

#IssoMeDeixaLouco!

Hoje, nesse mesmo espírito de disfarçar cuidadosamente a fofoca com pedidos de oração bem-intencionados, muitos publicam suas "preocupações" no Facebook ou em algum outro tipo de mídia social. Todos já ouvimos ou vimos essas orações, se não tivermos sido nós mesmos a propô-las.

- "Por favor, orem por Megan. Ela tem feito coisas com o namorado que não devia fazer."
- "Orem para que Bob fique longe daquela mulher da contabilidade que passa o tempo todo flertando com ele."
- "Ei, todos vocês, elevem Jenny em oração AGORA! Ela encheu a cara na festa ontem à noite."
- "O meu pai perdeu a paciência com a minha mãe de novo. Creiam comigo que Deus fará uma obra na vida dele."

Conquanto sempre seja bom orar, nem todos os pedidos de oração caem bem *on-line*. Pelo menos não com uma descrição que deixe implícito na vida de outra pessoa algo sobre o que você talvez não saiba quase nada. Se você quiser pedir oração *on-line*, faça-o de modo que não exponha ninguém.

Talvez você se sinta inclinado a retrucar: "Mas, Craig, tudo bem falar sobre o que é verdade, certo?". Não necessariamente. Tudo o que você diz deve ser verdade, mas nem tudo o que é verdade deve ser dito. Antes de digitar sobre qualquer assunto, pergunte-se: "Isso ajudará alguém? Ou prejudicará alguém?".

Se não for ajudar, não diga nada.

6.5 OFERTA PÚBLICA INICIAL

O segundo conjunto de perguntas a se fazer para evitar as fofocas *on-line* é igualmente importante. Antes de compartilhar suas ideias, pergunte-se: "Vou tornar públicos assuntos privados? Estou prestes a compartilhar algo que seria melhor tratar de forma privada?". Em sua sabedoria, Salomão ensinou: "O insensato calunia os outros, mas o que tem juízo sabe calar-se. Ao fofoqueiro *não se pode confiar um segredo*, mas quem merece confiança a sete chaves o guarda" (Provérbios 11.12,13, *A Mensagem*).

Se você compartilha o que deveria ser segredo, está fazendo fofoca. Jamais me esquecerei do que aconteceu quando um grupo de cristãos bem-intencionados cometeu um erro terrível usando mal as mídias sociais. Amy e eu trabalhávamos com um casal visando a restauração do casamento dele. No começo daquele ano, o marido confessara ter cometido adultério. Por doloroso que isso fosse para a esposa, ela desejava salvar seu casamento e estava buscando Deus para ajudá-la a perdoar o marido.

Felizmente, conseguimos fazer progressos consideráveis com o casal. Não só o marido se arrependeu de seus pecados, como também, com o auxílio de Deus, estava melhorando em vários outros sentidos e, com isso, demonstrando seu amor pela esposa. Ela começava a se mostrar receptiva ao marido, e o casamento sem dúvida começava a se mover na direção correta. Eu aprendi com terapeutas que em determinado momento do processo de cura é aconselhável introduzir outras pessoas para darem apoio. Se o casal mantém sua luta completamente privada, encontra dificuldade para sarar. Abrir-se para amigos confiáveis que orem em seu favor e cobrem uma atitude responsável de ambos costuma ser um elemento-chave para a cura. Assim, todos concordamos que aquele casal compartilharia sua situação com o pequeno grupo que frequentava na igreja.

Enquanto o marido explicava o que fizera, lágrimas lhe escorreram pelo rosto. Sua esposa teve graça suficiente para ficar de mãos dadas com ele, demonstrando-lhe (e aos outros) que o amava, apoiava e perdoava. Lembro-me de ter pensado, quando vi o gesto: *Este casamento vai sobreviver*. O restante da reunião foi mais poderoso do que eu seria capaz de descrever. Outro casal se abriu e contou que atravessara a mesma experiência, explicando como Deus curou seu casamento. Não havia um só olho seco na casa. Todo mundo orou. Todo mundo se abraçou. E todo mundo foi para casa se sentindo um pouco mais próximo uns dos outros e de Deus.

O Senhor estava fazendo uma das coisas que sabe fazer melhor: restaurar corações quebrantados e produzir cura. Mas uma mulher no pequeno grupo teve uma atitude que recomendáramos que todos *evitassem*. Sempre que você confia a um grupo uma informação assim delicada, deve dizer-lhe para mantê-la estritamente confidencial. Ninguém conta nada para ninguém. Nada mesmo. Essa é a regra. Para a nossa infelicidade, aquela mulher decidiu contar "só para uma amiga". E essa amiga resolveu postar a informação no Facebook, dizendo: "Por favor, orem por _____", com os nomes do casal no espaço em branco. E prosseguiu explicando que o marido tivera um caso com a assistente, por isso gostaria que todos orassem em favor da união do casal.

Infelizmente, o casal que tentava se curar ficou devastado — em especial a esposa. Ela não conseguia mais ir à igreja, a uma reunião da associação de pais e mestres, ou ao jogo de futebol do filho sem que as pessoas mencionassem a postagem ou apenas a olhassem com pena. Mesmo que não dissessem nada, o tempo todo ela sentia que as pessoas à sua volta pensavam em sua história. Quando seus dois filhos souberam do caso por meio de amigos, a esposa se sentiu tão deprimida e melancólica que se recusou a sair em público. Uma semana mais tarde, envergonhada e se considerando humilhada em público, ela entrou com um pedido de divórcio.

Do meu ponto de vista, o adultério não matou esse casamento.

Quem se incumbiu disso foi a fofoca.

Antes de postar qualquer coisa *on-line*, tenha certeza absoluta de que não está tornando público algo que deveria permanecer privado. Faça-o para proteger os outros. E faça-o para se proteger. Se quiser ter amigos próximos, você não pode ser visto como um fofoqueiro. A Bíblia diz: "Defenda a sua causa contra o seu vizinho, mas não revele nada que alguém lhe tenha contado a respeito do assunto. Do contrário *todos ficarão sabendo que você não consegue guardar segredos*, e você nunca mais se livrará desta vergonha" (Provérbios 25.9,10, *Nova Tradução na Linguagem de Hoje*).

Seja digno de confiança.

Mantenha privado o que é privado.

6.6 O CONSUMO DA FOFOCA

O terceiro conjunto de perguntas que você haverá de querer fazer quando a fofoca começar a se espalhar se inicia assim: "Estou permitindo — talvez até encorajando — que as pessoas fofoquem?". Errado não é apenas servir os pratos, mas também ingerir a comida. As Escrituras são claras: "*O ímpio dá atenção aos lábios maus*; o mentiroso dá ouvidos à língua destruidora" (Provérbios 17.4). Observe que o versículo não chama de ímpios só os fofoqueiros. Não, ele também chama assim àqueles que dão "ouvidos à língua destruidora".

Errado não é só espalhar a fofoca; é consumi-la também. Por quê? Porque o que permite, você promove.

Você não apenas deveria se manter longe da fofoca, como também não deveria se associar com quem fofoca. O que é verdade "pessoalmente" também vale *on-line*. Porque sou seguidor de Jesus, não desenvolvo amizades íntimas com fofoqueiros; do mesmo modo, opto por evitar aqueles que o tempo todo espalham veneno *on-line*.

Por exemplo, eu seguia um sujeito no Twitter a quem respeitava como autor cristão. Ele escreveu uns dois livros brilhantes que recomendei para outras pessoas e continuarei a recomendar. Mas fui obrigado a deixar de segui-lo quando enfim a minha paciência se esgotou. Por algum motivo, seus tuítes se tornaram mais negativos do que positivos. Em vez de mostrar amor e promover coisas das quais era *a favor*, ele corrigia os outros o tempo todo e só falava do que era contra. Duas vezes em uma semana disse coisas negativas sobre dois pastores que conheço pessoalmente.

Esses últimos tuítes me incomodaram tanto que peguei o telefone e liguei para ele com o intuito de perguntar se ele conhecia aqueles homens e se podia provar o que dissera. Ele não só *não* os conhecia, como não tinha nenhuma evidência para justificar os tuítes de críticas. Contou-me que apenas repetira o que tinha escutado e dera sua opinião. Na condição de seu irmão em Cristo, pedi-lhe que não espalhasse boatos — ainda mais sem conhecer toda a história. Mas como ele continuou a tuitar daquele jeito negativo, sem provas, não pude mais segui-lo. Se alguém fofocar *com* você, é provável que fofoque *sobre* você. Fique longe de repetir a fofoca — e de ouvi-la ou aceitá-la.

Se alguém fofocar pessoalmente ou *on-line*, você pode ser sutil na abordagem para evitá-lo. Pode explicar com toda a educação que não se sente confortável com a conversa. Caso não seja esse o seu estilo, você pode optar por uma abordagem afetuosa. Explique ao fofoqueiro que feriria os sentimentos de _____ (insira os nomes) saber que vocês estavam falando sobre eles. (E, se estiverem conversando sobre essas pessoas *on-line*, é grande a probabilidade de que elas fiquem sabendo.)

> Se alguém fofocar *com* você, é provável que fofoque *sobre* você.

Ou você poderia ajudar os fofoqueiros a escolher uma abordagem coerente com o ensino de Jesus. Lembre-os de Mateus 18.15,16: se alguém tem problemas com outro irmão ou irmã, deve procurar essa pessoa. Mas, se tudo isso falhar na tentativa de deter os fofoqueiros, seja direto e deixe claras as consequências. Se continuarem agindo da mesma forma, você não permanecerá na companhia deles (ou não os seguirá mais, ou seja o que for).

Toda vez que falo sobre outra pessoa, pessoalmente ou *on-line*, desejo que as minhas palavras sejam algo que eu estaria disposto a repetir na presença dela. Precisamos responder com toda a franqueza: "Estou prestes a tornar público um assunto privado?". Não importa se estamos conversando ou postando: "As minhas palavras ajudam ou prejudicam?". E, por fim: "Estou permitindo ou encorajando que outras pessoas fofoquem?". O que dizemos (ou permitimos que outros digam) é importante, pois nossas palavras têm o poder de vida e de morte (v. Provérbios 18.21). Quero que as minhas palavras sempre ajudem, não que prejudiquem. Você conhece o velho ditado: Ou se é parte do problema, ou se é parte da solução. Pela graça de Deus, sejamos a parte que traz soluções, não a que aumenta os problemas.

6.7 A PERSEGUIÇÃO VIRÁ

Mesmo que você se esforce para responder a esses três conjuntos de perguntas com sabedoria e opte por ser parte da solução *on-line* — e às vezes *especialmente* porque escolheu fazer parte da solução —, ainda enfrentará pessoas críticas, rudes ou inadequadas. Se escolheu seguir Jesus, você nunca deveria ficar surpreso por ser perseguido. São os ossos do ofício.

Durante anos, eu soube que as pessoas me criticavam pessoalmente e também ao que a nossa igreja estava fazendo. Na maior parte do tempo, no entanto, ouvi as críticas de longe apenas. Até que, um dia, elas apareceram na soleira da minha porta. Na manhã de um sábado normal, a minha campainha soou. Quando atendi, deparei com um rapaz de 20 e poucos anos sorrindo de orelha a orelha. Não o reconheci, tampouco ele demonstrou me reconhecer, de modo que fiquei curioso quanto à razão de toda a sua felicidade. Não precisei esperar muito tempo para descobrir.

Ele se pôs logo a contar sua história, afirmando que se tornara cristão fazia pouco tempo. Era evidente que se sentia empolgado por conhecer Cristo. Por isso, ia de porta em porta, compartilhando sua fé e convidando as pessoas a irem à igreja. Antes que eu tivesse a oportunidade de lhe dizer que também era cristão, ele adotou a postura da testemunha tensa e mais que preparada para, sem jamais tomar fôlego, abrir fogo rápido: "Eu era muito mau e pecador, quero dizer, fazia muitas coisas ruins, mas então clamei a Deus, bem, Jesus, o

Filho de Deus, quero dizer, e ele me salvou e me transformou, e agora frequento uma igreja maravilhosa e quero convidar o senhor a ir comigo amanhã, de modo que também tenha a oportunidade de se encontrar com Jesus — o que me diz, o senhor vai comigo?".

Fiquei deliciado de ver outra pessoa tão apaixonada por sua fé. Queria que ele continuasse a falar, sinceramente. Também fiquei curioso por descobrir até que ponto sua abordagem seria eficaz, se ele seria capaz de convencer alguém a comparecer a sua igreja. Mas também quis ser educado, de modo que o parabenizei por seu novo relacionamento e então revelei que já era cristão. O rapaz não apenas não se deixou abater, como a informação lhe serviu de inspiração. Respirando fundo, ele se pôs a falar outra vez, mais rápido do que antes, explicando por que a sua era a melhor igreja da cidade e fazendo de tudo para me convencer de que eu deveria ir e ver isso por mim mesmo. Enquanto ele falava, constatei que conhecia seu pastor. Conversáramos diversas vezes, e ele sempre foi muito gentil.

Eu não desejava fazer nada que estourasse o balão daquele rapaz, de modo que disse apenas: "Bem, a verdade é que estou bastante envolvido com a igreja que frequento".

Radiante, ele perguntou: "É mesmo? Que igreja é?".

"A LifeChurch".

Seu semblante desmoronou. O rosto denunciou-lhe a frustração, a preocupação genuína, talvez até um vestígio de compaixão. Ele se inclinou para a frente e começou, muito mais devagar e circunspecto agora, o tom de voz pouco mais que um cochicho, como se não quisesse que mais ninguém ouvisse. "Ouça... o meu pastor diz..." — e fez uma pausa para deixar que a invocação dessa autoridade espiritual calasse fundo — "que o pastor da LifeChurch... não prega a verdade".

Endireitou-se primeiro, inclinou o corpo para trás e fez nova pausa para alcançar pleno efeito. Depois se pôs a balançar a cabeça devagar, ao mesmo tempo que me dizia muito sério: "O senhor não deveria voltar nunca mais àquela igreja. Não há de querer receber aquela falsa doutrina".

Para ser franco, esse tipo de "revelação" não acontecia com tanta frequência na época. Mas, sob as bênçãos da atual tecnologia, podemos obtê-las tantas vezes quanto desejarmos. Se *qualquer um* diz *qualquer coisa* a nosso respeito *on-line*, podemos ficar sabendo no mesmo instante. Podemos até criar alertas para garantir que nunca nos passe despercebida nem uma palavra do que é dito a nosso respeito. Infelizmente, como as pessoas conseguem falar sobre nós sem ter de nos enfrentar — muito menos se identificar de fato —, é provável que façam isso com mais frequência do que se estivessem face a face. Se optarmos por defender a nossa fé em Cristo, posso garantir que os não cristãos farão disparos verbais contra nós. Infelizmente, como o meu visitante demonstrou, talvez até enfrentemos fogo amigo de dentro da nossa própria família cristã.

Jesus disse algo que pode parecer contrário ao que seria de esperar. "Bem-aventurados os *perseguidos por causa da justiça*, pois deles é o Reino dos céus. Bem-aventurados serão vocês quando, *por minha causa*, os insultarem, os perseguirem e levantarem todo tipo de calúnia contra vocês. Alegrem-se e regozijem-se, porque grande é a sua recompensa nos céus, pois da mesma forma perseguiram os profetas que viveram antes de vocês" (Mateus 5.10-12). Você não precisa fazer nada errado para ser perseguido. Pelo contrário, costuma ser o que se faz corretamente que atrai a crítica. Todavia, você deveria considerar o fato de as pessoas o perseguirem uma bênção.

6.8 ESPERE, ABRACE, SUPORTE

Que devemos esperar ser perseguidos provavelmente não é algo que você deseja, mas sim que precisa ouvir. Paulo orientou seu jovem discípulo Timóteo: "De fato, *todos* os que desejam viver piedosamente em Cristo Jesus *serão perseguidos*" (2Timóteo 3.12). Reparou na primeira palavra que grifei? *Todos*. Não importa quem você é, qual é a sua idade ou quanto você se importa com os outros; se você defende Jesus, alguém tentará derrubar você. *Todos os* que desejam uma vida piedosa em algum momento serão perseguidos. Não fique chocado com isso. Não se sinta desencorajado em razão disso. Não se deixe sufocar por isso.

Espere por isso.

> *Todos* os que desejam uma vida piedosa em algum momento serão perseguidos. Não fique chocado com isso. Não se sinta desencorajado em razão disso. Não se deixe sufocar por isso. Espere por isso.

Optamos por educar os nossos filhos em casa e estamos habituados a ouvir críticas por esse motivo. Sabemos que algumas pessoas discordam, portanto não nos incomoda quando riem ou fazem graça de nós. A minha piada favorita é quando, por desinformação, afirmam coisas como "As suas filhas crescerão usando saias *jeans* e batendo a própria manteiga". Geralmente, respondo algo do tipo: "Bom, elas ficam ótimas de saia *jeans*, e a manteiga que fazem é deliciosa". Esse tipo de crítica não nos surpreende. Sabemos que virá.

Alguns dos seus amigos talvez não gostem do que você diz no Facebook. Podem falar pelas suas costas. Podem não convidar você para alguma festa incrível que estão oferecendo. Ou talvez você não seja considerado para receber uma promoção porque segue Jesus. Nenhuma dessas coisas surpreende Deus. Tampouco deveria surpreender você. Na verdade, Jesus disse: "Se o mundo os odeia, tenham em mente que antes me odiou. Se vocês pertencessem ao mundo, ele os amaria como se fossem dele. Todavia, vocês não são do mundo, mas eu os escolhi, tirando-os do mundo; por isso o mundo os odeia. Lembrem-se das palavras que eu lhes disse: Nenhum escravo é maior do que o seu senhor. *Se me perseguiram, também perseguirão vocês*" (João 15.18-20). Esse é o motivo pelo qual tento nunca me preocupar quando as pessoas disparam contra mim *on-line* em razão da minha fé. Na verdade, preocupa-me quando não o fazem.

Você deve não somente esperar que rechacem a sua fé de vez em quando (ou sempre), como deve também suportar isso quando o fizerem. Paulo disse: "[...] Quando somos amaldiçoados, abençoamos; quando perseguidos, *suportamos* (1Coríntios 4.12). O nosso exemplo é Jesus na cruz. Quando a criação zombou do Criador, ele não se lamentou, não se queixou nem revidou. Em vez disso, orou em favor de quem zombou dele e o espancou. Jesus suportou. Foi maior do que tudo o que lhe fizeram.

Quando você orar por quem o persegue, também é aconselhável orar por si mesmo. Se alguém o atacar, peça para Deus ajudar você a saber como — ou se — deve reagir. Só porque dispararam na sua direção, não significa que você tenha de responder. Há ocasiões que sim, é preciso agir; em outras, o melhor é simplesmente ignorar. De um jeito ou de outro, seja cuidadoso para não reagir baseado na emoção; reaja apenas baseado no amor.

Ao suportar a perseguição, você poderia responder com um comentário muito bem ponderado ou encorajador. Mas lembre-se de que as mídias sociais não são um bom lugar para longas explanações. Assim como um debate teológico sério não pode acontecer em 140 ou menos caracteres, é difícil resolver problemas difíceis nas mídias sociais ou por *e-mail*. Não se sinta pressionado a reagir. Deus sabe cuidar de si mesmo; não precisa de ninguém para defendê-lo toda vez que alguém irrita você com um monte de perguntas com o único propósito de aborrecer você.

Quando os críticos o açoitarem, você não tem obrigação nenhuma de responder. Para ser franco, não consigo nem me lembrar da última vez em que respondi a alguém que lançava bombas na minha direção via mídias sociais. Aconteceu há pelo menos cinco anos, se não mais. Costumo responder às pessoas que têm perguntas legítimas sobre a nossa igreja, mas não vou debater com quem só quer comprar briga *on--line*. Ore e pergunte a Deus se ele quer que você responda.

Também encorajo você a pedir que Deus o ajude a saber quando ouvir e quando descartar uma crítica infundada. Se alguém tem uma questão válida e o tenta ajudar, você deve ouvir. As Escrituras confirmam: "Quem ouve a *repreensão construtiva* terá *lugar permanente entre os sábios*. Quem recusa a disciplina faz pouco caso de si mesmo, mas quem ouve a repreensão obtém entendimento" (Provérbios 15.31,32). Porém, quando estranhos (ou pessoas com raiva) desferem golpes maldosos, você geralmente pode desconsiderar o que eles dizem e seguir em frente. Não deixe esse veneno se infiltrar no seu coração.

Algumas pessoas tendem a se mostrar naturalmente críticas e negativas, mas opto por não permitir que essa predisposição hedionda arruíne o meu dia. Também é bom lembrar-se de que às vezes as pessoas estão sofrendo. Em vez de tomar como pessoais seus comentários negativos, tento deixar que me lembrem de orar (em privado) para que elas experimentem a cura de Deus. Pedro descreve como Jesus nos serviu de modelo nesse sentido: "Quando insultado, não revidava; quando sofria, não fazia ameaças, mas entregava-se àquele que julga com justiça" (1Pedro 2.23). Em meio à sua dor, Jesus não pagava na mesma moeda. Antes, permitia que Deus fosse seu defensor e se submetia ao cuidado amoroso de seu Pai celestial. Ele nos chama agora para fazermos o mesmo.

Certa vez alguém escreveu um artigo bastante negativo sobre a nossa igreja e sobre mim em particular. Em questão de minutos, os comentários agressivos começaram a pipocar *on-line*. Oro com regularidade pedindo pele grossa e coração macio, mas acho que a minha pele ainda estava fina demais e o meu coração, nem perto de macio o suficiente em relação àquelas pessoas cruéis. Pela graça de Deus, aconteceu de eu ter de voar para outra cidade no fim daquele dia. Assim que o nosso avião decolou, fiquei sem acesso ao que as pessoas estavam dizendo. (Lembra-se da época em que os aviões não tinham *wi-fi*?) À medida que ganhávamos altura, subindo em direção ao céu, tudo abaixo de nós foi parecendo cada vez menor. Por alguma razão, senti-me mais perto de Deus acima das nuvens, e achei os problemas na terra pequenos e distantes. Então me ocorreu: se a minha mente estiver na terra e eu viver autocentrado, sempre sentirei o ferrão dos críticos. Mas, se eu estiver perto de Deus e a minha vida for dele, então pela fé — como o avião que ganha altura — consigo me elevar acima das críticas mesquinhas.

Se você estiver enfrentando perseguição — ou devo dizer *quando* enfrentar perseguição —, volte-se para Deus. Saiba que ela virá. Suporte-a. Pelo poder de Deus, abrace-a até, como Pedro aconselha. "Amados, *não se surpreendam com o fogo que surge entre vocês para prová-los*, como se algo estranho estivesse acontecendo. Mas alegrem-se à medida que participam dos sofrimentos de Cristo [...]. Contudo, se sofre como cristão, não se envergonhe, *mas glorifique a Deus por meio desse nome*" (1Pedro 4.12,13,16). Não se abale quando a perseguição vier. Dê um passo além: abrace-a. Alegre-se com o fato de ter sido considerado, de alguma forma, ainda que pequena, digno de sofrer com e por aquele que sofreu em seu favor.

Quando alguém diz algo cruel a seu respeito em razão da fé que você professa, não se envergonhe. Pelo contrário, agradeça a Deus por pertencer a Jesus. Louve a Deus porque ele o escolheu. Jamais reaja com uma réplica defensiva ou cheia de ódio. À medida que o Espírito o conduzir e capacitar, responda em amor ou reconheça que você nem sempre tem de responder. No fim das contas, Deus é seu defensor. E você vive para ele.

Sim, é mesmo duro quando outras pessoas disparam contra nós. Creia-me, eu entendo. Todos desejamos ser queridos pelos outros. Ao ler 200 comentários positivos sobre algo que você fez e 1 negativo, em qual você se concentra mais? Se for como eu, geralmente você só precisa de uma voz negativa para calar todas as positivas.

Ficar obcecado pelo que as pessoas pensam a seu respeito é o modo mais rápido de esquecer o que Deus pensa sobre você. Mas o oposto também é verdade. Se você viver para Jesus neste mundo autocentrado, conhecerá uma verdade mais elevada: ficar obcecado pelo que Deus pensa a seu respeito é o modo mais rápido de esquecer o que as pessoas pensam sobre você.

Pela fé, fique longe das fofocas. Mantenha-se acima da crítica. Quando chegar a perseguição, esteja preparado. Suporte-a com aquele que a suportou por você. E, pelo poder dele, abrace-a, agradecendo a Deus por ele estar com você.

E isso é a verdade.

Capítulo 7

Recuperando a adoração
Na luta contra a idolatria

Idolatria é adorar algo que deve ser usado, ou usar algo que deve ser adorado.
Agostinho

Simplesmente não consigo parar, por mais que tente. Assim que posto uma foto, volto para ver se alguém curtiu. Como raras vezes acontece de alguém clicar em Curtir de imediato, atualizo a tela uma vez e de novo até aparecer que alguém curtiu. Às vezes digo para mim mesma que vou esperar 10 minutos antes de conferir de novo. Mais ou menos um minuto depois, no entanto, retorno à página em busca dessa afirmação. E, se uma foto minha não recebe pelo menos 20 curtidas na primeira hora depois de postada, trato de apagá-la. Por algum motivo, não consigo deixá-la na página se não é capaz de me dar a resposta

desejada. Tenho consciência de que não deveria ficar obcecada por isso, mas não sei como parar.
Alyssa B.

Aconteceu de novo — a terceira vez nesta temporada. Aden, meu filho, é a estrela do ataque de seu time de futebol, do qual participam crianças de até 12 anos. Quando eu deveria estar assistindo ao jogo, de algum modo me distraí olhando para o meu celular. A princípio, fiquei examinando alguns aplicativos novos. Depois conferi o Twitter. Em seguida, dei uma olhada nas minhas ações. Foi quando todo mundo começou a vibrar. Aden acabara de marcar um gol, um lance raro e precioso com o pé esquerdo. Depois de perder seu primeiro gol por estar no celular, prometi que isso nunca voltaria a acontecer. Mas aconteceu no segundo jogo. E acaba de acontecer outra vez. O que há de errado comigo?
Jerry M.

O meu marido me disse que preciso me controlar. E o meu corpo me diz a mesma coisa a cada manhã, quando me arrasto para fora da cama. Por algum motivo, no entanto, não sou capaz de me controlar. Toda noite, assim que as crianças vão para a cama, digo a mim mesma que só vou dar uma olhada no Pinterest por alguns minutos. Sabe como é, para espairecer um pouco. Mas alguns minutos se convertem em algumas horas. Quando dou por mim, são 2 horas da manhã. Tenho vergonha de admitir, mas na noite passada fui até as 3h30. Sinto-me exausta, mal-humorada e muito frustrada. Prometi a mim mesma ir direto para a cama. Mas alguma coisa me diz que não o farei.
Monica D.

7.1 A SEDUÇÃO DA ALMA

Há uma grande diferença entre o chocalho de um bebê e o chocalho de um bebê de cascavel.

Vou contar como aprendi isso do jeito mais difícil. O meu segundo filho se chama Stephen, mas na nossa família ele costuma ser chamado de Bookie. (Começou com Sam, o irmão mais velho de Stephen, chamando-o o tempo todo de Boobie — e estava armada a confusão.[1] Por isso convencemos Sam de que Bookie era alternativa bem melhor. Jamais esperamos que fosse pegar.) Quando Bookie ainda estava aprendendo a andar, eu o vi pular e gritar de alegria na nossa varanda. "Meu 'migo! Meu 'migo!", ele gritava com alegria, dançando e girando deleitado.

Olhei então na direção que ele indicava e vi o que parecia um brinquedo de bebê, talvez um chocalho de plástico ou um boneco esquecido por uma das crianças mais velhas na extremidade da varanda. No entanto, ao chegar mais perto, observei que seu "'migo" começava a se contorcer e a fazer um barulho inconfundível — era um filhote de cascavel! Quase derrubei Bookie com toda a força ao arrancá-lo do caminho para que pudesse "dar um jeito" no seu pequeno "'migo".

Jamais me esquecerei daquele incidente com o meu filho, em parte porque foi ao mesmo tempo fofo e perigoso. Mas também porque serve de imagem sobre como costumamos nos relacionar com algo de que pensamos precisar, algo que amamos e sem o que nos parece impossível viver. Bastante inofensivo a princípio, com o passar do tempo causa grande dano à nossa vida. Buscamos algo para satisfazer as nossas

---

[1] *Boobie* é expressão coloquial para os seios femininos. [N. do T.]

necessidades, só para sermos seduzidos pela nossa dependência de uma falsificação capaz de danificar a nossa alma.

Antes que você revire os olhos e pense *Lá vem o Craig de novo com outro sermão contra a tecnologia, bendito seja*, peço apenas que me ouça. Amo de verdade a tecnologia. Amo as mídias sociais. Amo os meus aplicativos. Amo os jogos. Amo até a Siri (ainda mais agora que lhe dei um sotaque australiano). Amo ler livros no meu dispositivo portátil. Amo pesquisar no Google qualquer coisa que queira saber e obter respostas imediatas. E amo que de vez em quando os mapas do GPS me conduzam ao lugar certo.

Mas às vezes me pergunto se amo demais tudo isso. Se adoro tudo isso.

E sei que não sou o único. A nossa dependência da tecnologia parece aumentar a cada dia, a cada hora, a cada nanossegundo.

Ninguém jamais diria: "Oh, sim, eu idolatro o meu iPhone — já viu o aplicativo da Mansão Macabra?". Ou: "Eu costumava frequentar a Primeira Igreja do Facebook, mas ela desfez a nossa amizade quando começamos a frequentar postagens no Snapchat". Quando pensamos em ídolos, costumamos imaginar estátuas ou estatuetas usadas por pessoas de diferentes religiões ou velhas culturas. Esses ídolos podem ser objetos naturais, como pedras ou árvores, ou algo esculpido para representar o objeto sagrado que está sendo adorado.

Caso eu perguntasse se você pratica a idolatria, é provável que me rechaçasse logo: "Não seja ridículo! Eu não adoro imagens. Enlouqueceu?". Eu faria o mesmo. No entanto, se você conhecer melhor o que é idolatria, a sua resposta pode mudar.

7.2 OS PRAZERES DOS ÍDOLOS

Deus disse:

> Para que não vos corrompais e vos façais *alguma imagem esculpida na forma de ídolo*, semelhança de homem ou de mulher, semelhança de algum animal que há na terra, semelhança de algum volátil que voa pelos céus, semelhança de algum animal que rasteja sobre a terra, semelhança de algum peixe que há nas águas debaixo da terra. Guarda-te não levantes os olhos para os céus e, vendo o sol, a lua e as estrelas, a saber, todo o exército dos céus, *sejas seduzido a inclinar-te perante eles* [...] (Deuteronômio 4.16-19, *Almeida Revista e Atualizada*).

Vemos aqui Deus lidando com um problema específico. Na extremidade da terra cananeia, seus filhos enfrentavam a tentação de adorar bezerros de ouro, postes de cedro, estátuas e a lua e o sol que os cananeus adoravam. Coisas que soam irrelevantes, até tolas para nós, porque não parecem ter nenhum significado na vida moderna.

Todavia, hoje as nossas buscas e as coisas às quais dedicamos a maior parte do nosso tempo, dinheiro e atenção não são mais dignas de adoração. Por exemplo, somos seduzidos pela nossa posição social. Quantos seguidores temos? Quantas curtidas conseguimos? Somos classificados como #sexy? Questionamos: "Aquela pessoa nova e linda na escola irá me seguir?". Ou: "Por que o novo gerente de contas não aceitou o meu convite no LinkedIn?".

Ainda resistindo à possibilidade de que você talvez idolatre a tecnologia ou o que ela proporciona? Pense no assunto do seguinte modo: alguém disse que a idolatria transforma algo bom em fundamental. Idolatria é pegar uma coisa — qualquer coisa — e torná-la mais importante do que deveria ser na nossa vida. O pregador e teólogo canadense A. B. Simpson declarou: "A partir do momento em que você deseja muito alguma coisa, em especial mais do que deseja a Deus, essa coisa é um ídolo". Essa doeu. Timothy Keller define a idolatria do seguinte modo em seu livro *Counterfeit Gods* [Deuses falsos]: "Ídolo é tudo para o que você olha e diz, no fundo do coração: 'Se eu tiver isso, então sentirei que a minha vida tem sentido, então saberei que tenho valor, então me sentirei importante e seguro' ".[2]

Usando essas definições e sendo sincero, eu tenho ídolos em minha vida. Talvez você também os tenha. Durante anos, a maioria de nós achou que, para sermos felizes, necessitávamos de algo ou de alguém. Talvez você achasse que o carro certo mudaria a sua vida (ou, se foi como eu aos 17 anos, qualquer carro a teria mudado...). Ou talvez, no seu caso, isso valha para um namorado ou namorada, um marido ou esposa. Talvez determinado emprego ou um título impressionante, um escritório maior ou a sua própria conta de gastos na empresa. Poderia ser acumular certa soma de dinheiro no banco ou experimentar as férias tropicais perfeitas.

Como você preencheria esse espaço em branco na maior parte da sua vida? Se eu tivesse _____, seria feliz e realizado. Você tinha consciência de que isso estava substituindo Deus na sua vida? Como tem lidado com esse ídolo?

Antes das mídias sociais, é provável que a maioria dos seus ídolos fosse normal, previsível, visível, atingível e prazerosa

---

[2] Keller, Timothy. **Deuses falsos**. Rio de Janeiro: Thomas Nelson Brasil, 2010.

(ao menos durante algum tempo). Agora, pela primeira vez na História, temos uma nova categoria de ídolos potenciais para domesticar, aptos a representar dispersões bem-vindas das nossas velhas lutas normais contra a idolatria, bem como contra os ídolos que contam com nicho próprio e aos quais nada consegue abater. Mais uma vez, vemos como pode ser complicado estar #naluta.

Trata-se de ídolos que nenhum de nós previu. Agora temos a mídia nos alimentando sem parar com microvislumbres da vida de quase todo mundo que conhecemos ou admiramos. Ao mesmo tempo, conseguimos ver quem nos considera interessantes o suficiente para seguir e recebemos *feedback* imediato de qualquer coisa que sentimos valer a pena ser compartilhada. Tudo isso ainda é novo o bastante para não sabermos com precisão como nos impacta. Mas sem dúvida está afetando mais uns do que outros.

Portanto, consideremos como isso está nos impactando.

Por exemplo, costumávamos medir o sucesso por aquilo que realizamos e acumulamos. Como nem sempre sabíamos com exatidão o que outra pessoa acumulou ou realizou, tínhamos de tentar adivinhar a nossa classificação.

"Acho que sou um pouco mais bem-sucedido do que ele, mas provavelmente não do que ela."

Agora temos todos os dados à nossa frente. Podemos descobrir o salário do nosso CEO, que tipo de carro o nosso pastor dirige e quanto o treinador de futebol do nosso filho pagou pela casa nova. Temos como saber quantas pessoas seguem os nossos colegas de trabalho e o que vestia a nossa celebridade favorita ao fazer compras de supermercado na noite passada. Não precisamos mais tentar adivinhar ou imaginar quem, onde, quando, por que e como. Dispomos de números, detalhes e dados reais. Podemos medir claramente as curtidas, os compartilhamentos, os comentários, os retuítes etc. Em vez de simples estimativas, agora sabemos com certeza.

"Sei que tenho mais seguidores do que ele, mas só uma fração dos seguidores dela. E as fotos dela recebem três ou quatro vezes mais curtidas do que as minhas. Sei quanto ele ganhou no ano passado, e que sua gratificação foi incrível. Esse é o 23º par de sapatos novos que ela posta este ano, mas quem está contando?"

Dizemos a nós mesmos vezes e mais vezes que essas mensurações do nosso valor não têm importância. Não nos definem. Não são quem somos de fato. Mas sabemos que algumas pessoas não nos seguirão, a menos que já contemos com seguidores em quantidade suficiente. E curtidas atraem curtidas, certo? Se ninguém curte a página de uma pessoa, não é provável que isso passe a acontecer de uma hora para outra. Mas quem tem dezenas de curtidas parece atrair mais. Não queremos extrair a nossa identidade do que as pessoas pensam ou de quem nos segue, mas está cada vez mais difícil não o fazer.

7.3 VERIFICAÇÃO DA REALIDADE VIRTUAL

Um amigo visitou uma aldeia pobre e distante da Índia e contou uma história. Viu uma mulher sacrificar uma galinha em um ato de adoração a seu deus. O meu amigo chocou-se ao ver tamanha idolatria assim escancarada nos dias atuais. Ao encetar uma conversa com ela, ficou impressionado. A mulher era articulada, gentil e educada.

Ele ficou sabendo de sua visita à cidade de Nova York três anos antes, razão pela qual lhe perguntou o que achara dos

Estados Unidos. A mulher explicou que odiara. Nunca vira maior idolatria em parte alguma em toda a sua vida. Como o meu amigo a pressionou, ela relatou três áreas de idolatria que testemunhara.

Primeiro, ela disse de modo não tão gentil que os norte-americanos adoravam o próprio estômago. De olhos arregalados enquanto falava, a mulher, proveniente de uma aldeia simples, descreveu as lojas monumentais abarrotadas de comida para vender a pessoas que já tinham demais com que se alimentar. Era evidente que a mulher se ofendera com aquele povo obeso enquanto tanta gente de sua aldeia passava fome.

Segundo, ela descreveu como os norte-americanos adoravam a televisão. De seu ponto de vista, eles projetavam as próprias casas em torno da televisão. Esta ocupava o lugar de maior destaque no cômodo mais importante, e então a mobília era disposta não para as pessoas conversarem, mas para verem televisão. Foi quase demais para ela entender que algumas pessoas admitiam a presença de um aparelho de TV no quarto de dormir — por absurdo que parecesse!

Por fim, ela disse que a pior forma de idolatria estava no relacionamento que as pessoas mantinham com os celulares. Ela se sentiu profundamente ofendida pelo fato de os motoristas os utilizarem enquanto dirigiam. Ainda pior era que ninguém (ao menos segundo a experiência dela) conseguia ter uma conversa plena sem ler alguma coisa no celular.

Isso dá um novo significado à expressão "ídolo americano", não é?[3] O meu amigo não tentou discordar da mulher

---

[3] Referência ao programa de televisão *American Idol*, de grande sucesso nos Estados Unidos. [N. do T.]

indiana. Sabia que não conseguiria. Tudo o que ela disse era verdade. E não chegara nem a arranhar a superfície.

Sem entrar no mérito da nossa obsessão pela comida e pela mídia, estou nada mais, nada menos, que levantando a questão sobre o que adoramos quando clicamos. É provável que você não ponha a estátua de uma tartaruga na frente de Deus, e que não seja um adorador das estrelas, mas a sua obsessão pelo celular está fugindo ao controle?

Alguns de nós conseguimos responder que não com sinceridade. Já usamos a tecnologia com limites saudáveis. Nós a controlamos. Ela não nos controla. Pode ser que tenhamos uma visão saudável das mídias sociais e de como interagimos com elas. Se assim for, sou grato, e você deveria se sentir da mesma forma!

No entanto, conheço muitos seguidores bem-intencionados de Jesus que estão se deixando seduzir, atrair e consumir pelo mundo virtual. Eles pensam: *Só quero incrementar o meu negócio.* Ou: *Isso dará maior exposição ao meu ministério.* Ou: *Amo me manter em contato com tantos amigos e familiares.*

As minhas três filhas adolescentes me mostraram as contas no Instagram de suas amigas e explicaram como algumas delas criaram curtidas falsas. Uma adolescente só tinha 112 seguidores. Suas fotos em geral recebiam de 30 a 40 curtidas. De repente, no entanto, ela conseguiu 400 ou mais curtidas — com apenas 112 seguidores! Evidentemente contava com um aplicativo que a ajudava a obter curtidas falsas. Isso não faz nenhum sentido para mim, mas, pensando bem, não sou uma garota da sexta série. Ela com certeza sente pressões das quais nada sei a respeito. Por outro lado, conheço líderes respeitados que não tinham o número desejado de seguidores no Twitter, de modo que compraram seguidores falsos para dar a ilusão de sucesso. É sério.

Não estou acima disso tudo. Há cerca de uma hora, postei no Twitter. Fazia algum tempo que não entrava lá, de modo que achei que deveria falar alguma coisa — sabe como é, algo curto, fácil de memorizar, cativante — relacionado com este livro, claro. Por isso, digitei: "No fim da vida, não importará quantas CURTIDAS você tenha recebido, mas todo o AMOR que tiver demonstrado". Acrescentei #naluta à frase, só para completá-la.

Então voltei a escrever este livro, ou pelo menos tentei. Quase uma hora se passou antes que a curiosidade me vencesse. Tentei imaginar como os meus menos de 140 caracteres de brilhantismo espiritual haviam transformado a Tuitosfera. Então dei uma olhada para ver como meu tuíte se saíra naquela primeira hora. As pessoas tinham curtido? Comentado? Retuitado? Soem os tambores, por favor...

O resultado: 134 marcações como favorito e 167 retuitadas.

Se você só tem 80 seguidores no Twitter, eu diria que não poderia ter me saído melhor. Se tem dezenas de milhares deles, talvez achasse que era isso mesmo o que esperava. Nada mal. Nada de extraordinário. Se você for @mileycyrus, pensaria que as coisas andam meio devagar. Deve haver alguma coisa errada com o Twitter se uma postagem dela só conseguir essa reação em um período de 60 segundos.

O estranho é que não sei ao certo a razão por que me interessa saber se alguém lê ou não o meu tuíte. Até hoje, nunca ouvi ninguém dizer que um tuíte mudou sua vida. Já tuitei algumas coisas que receberam grande atenção, enquanto outras permaneceram quase invisíveis, aparentemente ignoradas e tragadas pelo sepulcro dos tuítes mortos. Poucas coisas ditas por mim deixaram muita gente louca da vida. Mas nada na minha vida ou na vida de quem me rodeia parece ter mudado de modo significativo por causa do Twitter. O meu casamento nunca foi aprimorado por um tuíte. Os meus filhos não estão mais perto de Deus por causa de algo que eu disse no Twitter. Claro, alguém pode ter sido encorajado por um versículo bíblico. Ou foi à igreja, coisa que não teria feito de outra forma. No geral, porém, não consigo ver nenhuma diferença mensurável significativa.

E se eu nunca tivesse postado um único tuíte? E se o Twitter não existisse? Ele não existia mesmo, há apenas poucos anos. A humanidade se saiu muito bem durante séculos sem o Twitter. Quando olho para ele sob essa perspectiva, constato que de fato não é muito importante.

Todavia, senti-me compelido a dar uma olhada no meu tuíte. Curioso. Eu precisava saber.

Ainda não sei ao certo por quê. Gostaria de dizer que na verdade não me importava o que meu tuíte fez ou deixou de fazer. Parte de mim acha de verdade que não me importo. Mas, ainda assim, conferi. Devo me importar #DeUmaFormaOuDeOutra.

7.4 CIÚME SANTO

A última coisa que desejo é tratar com leviandade a luta de quem quer que seja contra as mídias sociais. É uma coisa maluca ter de lidar com a pressão do grupo. Mas proponho um passo objetivo atrás e a pergunta: Estamos sendo seduzidos? Damos valor exagerado a algo que não é tão importante assim?

Curvamo-nos diante de algo ou de alguém além de Deus? Caímos em uma nova dimensão de pecado? A nossa alma está sendo seduzida?

Jesus questionou: "Que adianta ao homem ganhar o mundo inteiro e perder a sua alma? (Marcos 8.36). Adaptando para a cultura atual: de que adianta conseguir mais seguidores, mais curtidas, mais comentários, mais *pins* no Pinterest e perder a nossa alma?

Alguma coisa vale mais do que ter uma paixão crescente pelo nosso Deus amoroso? Acho que não.

Nem Deus acha isso, ele que fala com clareza e sinceridade, sem tentar ser gentil. Sendo direto ao extremo, ele diz: "Não terás outros deuses além de mim. Não farás para ti nenhum ídolo, nenhuma imagem de qualquer coisa no céu, na terra, ou nas águas debaixo da terra. Não te prostrarás diante deles nem lhes prestarás culto, porque eu, o SENHOR, sou Deus zeloso [...]" (Êxodo 20.3-5).

Isso é bem direto.

"Não terás outros deuses além de mim."

Deus quer ser o primeiro na nossa vida. O segundo lugar já é inaceitável. Não é pecado ele sentir ciúme desse jeito, pois se trata de um ciúme santo, do anseio justo pelo nosso coração inteiro.

Por que é errado colocar outras pessoas ou coisas na frente de Deus? Primeiro, precisamos entender que Deus é santo, eterno, onipotente e soberano. Ele é... bem... Deus, algo que definitivamente nós não somos. Como Deus, deve ser o primeiro. Precisamos entender que não somos um corpo com uma alma. Somos uma alma com um corpo. O nosso corpo morrerá, mas a nossa alma viverá para sempre. Ela foi criada por Deus para manter íntima relação com ele. Para conhecê-lo, amá-lo, adorá-lo e viver com ele. Por isso, devemos vigiar os afetos da nossa alma e colocar Deus em primeiro lugar.

A nossa alma pode ser seduzida. Podemos ser distraídos. A poluição do mundo consegue contaminar a pureza da presença de Deus, tornando mais difícil encontrá-lo e estabelecer um relacionamento com ele. Por isso, tanta gente precisa se dedicar tanto à busca, e por isso tentamos satisfazer a nossa necessidade de Deus com outras coisas. Acontece que dinheiro, ou bens, ou amigos, ou curtidas, ou seguidores, ou seja lá o que pensamos que nos fará felizes, jamais o fará. O nosso *feed* de notícias pode viver cheio, mas o nosso coração e a nossa alma estão vazios. A qualquer momento em que deixarmos a nossa alma ser consumida por qualquer coisa diferente de Deus, jamais seremos satisfeitos.

Jamais.

7.5 CONHECE-TE A TI MESMO — PRINCIPALMENTE NAS TUAS *SELFIES*

Talvez você não esteja obcecado pelo seu celular (ou por dinheiro, ou bens, ou seja lá o que for). Porém, se você é como a maioria dos mortais, está bem perto de idolatrar a si mesmo. Disfarçado na nossa reverência pela tecnologia, e subvertendo-a, está o senso de que ela nos confere poder para fazer o que bem entendermos. Isso mesmo, é como se os comerciais do mais recente celular, aplicativo, *tablet* ou *laptop* também nos prometessem superpoderes.

Como já mencionei anteriormente, cerca de 80% do que as pessoas fazem nas mídias sociais dizem respeito a elas próprias. Como aquele tuíte que mandei. Preocupo-me com o meu tuíte muito mais do que qualquer outra pessoa. (Jesus poderia ter dito para amarmos os tuítes alheios tanto quanto amamos os nossos, mas acho que não é bem isso. Vou elaborar melhor esse ponto.)

Pense no conceito das *selfies* como um todo por um instante. Um fenômeno que ainda me fascina e provoca repulsa em igual medida, como uma espécie de acidente no acostamento da autoestrada da informação. Creio que o termo *selfie* nem existia há uma década. No entanto, em 2013, o dicionário Oxford coroou-o como a "palavra do ano". Do nada, ao que parece, as *selfies* se tornaram uma obsessão para muita gente.

Pamela Rutledge disse em *PsychologyToday.com*: "As *selfies* costumam desencadear impressões de autoindulgência, ou dependência social de quem busca atenção e suscita o fantasma do narcisismo ou da autoestima bastante baixa de quem grita 'Que se dane' ".[4] Não é incomum que as *selfies* encham a vasta maioria dos álbuns do Instagram da maior parte dos adolescentes. Isso pode ser "normal", mas com certeza nada tem de saudável.

Essa história me deixa incrivelmente triste:

> Danny Bowman [um adolescente inglês] diz que ficou tão obcecado por captar a *selfie* "certa" que acabou tirando

---

[4] RUTLEDGE, Pamela B. "Making Sense of Selfies", **PsychologyToday.com**, July 6, 2013. Disponível em: <https://www.psychologytoday.com/blog/positively-media/201307/making-sense-selfies>. Acesso em: 03 mar. 2016, 22:31:36.

cerca de 200 fotos por dia na tentativa desesperada de conseguir uma representação perfeita de si mesmo. Como fracassasse em obter o que lhe parecia a *selfie* perfeita, Bowman tentou suicídio com uma *overdose* de drogas. Antes desse incidente, ele avalia que passava cerca de dez horas todos os dias tirando *selfies*.[5]

Quando contrapomos o egocentrismo presente nas *selfies* com o que Deus requer de nós — a rendição altruísta —, a diferença é gritante. Jesus não disse "Para serem meus discípulos, vocês precisam se promover #DomingoDe*Selfie*". Pelo contrário. Jesus proclama com ousadia: "[...] Se alguém quiser acompanhar-me, *negue-se a si mesmo*, tome a sua cruz e siga-me" (Mateus 16.24).

A nossa cultura diz: "Exiba-se". Jesus diz: "Negue-se".

Quem olhar para a sua página no Facebook, as suas fotos no Instagram ou os seus tuítes mais recentes, o que verá? Dê uma olhada no que você postou, comentou e tuitou na última semana e seja o mais objetivo possível. Você vê um discípulo humilde, focado no próximo, cristocêntrico? Ou alguém diferente de quem Cristo o chamou para ser?

7.6 DESTRONANDO OS ÍDOLOS

Para aprender mais sobre como as mídias sociais impactam a vida das pessoas, encontrei-me com duas dúzias

---

[5] Savastio, Rebecca. "Selfies Cause Narcissism, Mental Illness, Addiction, and Suicide?", **Guardian Liberty Voice**, April 8, 2014. Disponível em: <http://guardianlv.com/2014/04/selfies-cause-narcissism-mental-illness-addiction-and-suicide>. Acesso em: 04 mar. 2016, 16:31:11.

de jovens que de pronto se confessaram viciados no mundo *on-line*. Cada um daqueles jovens também estava envolvido com o serviço na nossa igreja e era conhecido por andar com Deus e fazer a diferença na vida dos outros. Todos demonstraram entusiasmo em conversar sobre o assunto, compartilhando amor pelo que a tecnologia tem a oferecer e, no entanto, simultaneamente, anseio por algo mais. Ocorreu-me que todos eles, sem exceção, admitiram duas coisas:

1. Eles acalentam um vício doentio em mídias sociais ou tecnologia, mas foram incapazes de — ou não se dispuseram a — admiti-lo durante algum tempo.
2. Eles sentem que perderam a paixão por Deus porque se distraíram com a paixão que sentem pelas mídias sociais e pela tecnologia.

É importante examinar de perto as duas confissões. Primeiro, esses jovens sabem que têm um problema. Mas, por um bom tempo, não conseguiram — ou não quiseram — reconhecê-lo. Suponho ser possível que você conheça alguém assim. É grande a probabilidade de que você não consiga manter uma conversa completa com essa pessoa sem que ela confira o *e-mail*, dê uma olhada rápida no Instagram ou poste alguma coisa. Essa pessoa pode até ser você.

Encaremos a realidade. Se mais de uma pessoa já disse que você tem um problema, é provável que tenha mesmo. Ainda que seja a sua mãe ou o seu pai (mesmo que eles enfrentem idêntico desafio), isso talvez o chateie, mas é certo que eles o amam. Se você é incapaz de passar uma aula, ou um encontro, ou uma hora inteira sem olhar, ou clicar, ou seguir, você tem um problema.

Não quero parecer desagradável e, creia-me, enfrento as minhas próprias lutas, mas, se você anda "comprando" ou obtendo curtidas ou seguidores falsos, é preciso parar um instante e pensar no que está fazendo. Mesmo que pareça muito real a pressão à qual você está cedendo, a sua atitude é errada. Não é honesta. Não é construtiva. Não é saudável.

Talvez você seja obcecado por *fantasy football*.[6] Não consegue parar de olhar o celular a fim de acompanhar todas as atualizações e se estressar cada vez que alguém pega a bola, a cada arrancada, a cada *touchdown* e a cada oportunidade de marcar um ponto. Agora, com o *fantasy football* da NCAA, é possível passar a semana inteira fazendo permutas e xingando outros jogadores da liga. No fim da temporada de futebol, temos o *fantasy baseball* e o *fantasy basketball* para nos fazer companhia pelo resto do ano. Um pouco de diversão é bom. Mas talvez você tenha cruzado um limite, e não estou me referindo ao limite do campo.

Se você costuma verificar diversas vezes por dia o que as pessoas estão falando a seu respeito, chamemos essa atitude pelo que ela de fato é: idolatria. Se a sua identidade advém de quem o segue, de quem o curte, do que os outros dizem e pensam a seu respeito, em vez daquilo que Deus diz que você é, chegou a hora de apresentar o problema ao Senhor.

---

[6] *Fantasy football* é uma competição em que fãs de futebol americano disputam entre si a capacidade de gerenciar um time. Cada participante cria um elenco de jogadores de partidas reais e acompanha o desempenho do time. Ganha o que melhor administrar seu time, para o que vale dispensar, permutar ou contratar jogadores. As grandes ligas esportivas (como a NCAA) e os canais esportivos costumam fomentar em seus *sites* a brincadeira, que se estende a outras modalidades, como beisebol e basquete. [N. do T.]

Ou então pode ser que você seja daqueles que têm compulsão por conferir os *e-mails*. Toda vez que percebe a chegada de uma nova mensagem, você *precisa* saber o que ela diz — na mesma hora. Ou talvez toda vez que o seu celular toca, bipa ou acende uma luzinha, é como se uma força aparentemente imbatível o atraísse. Se é assim, pare e reflita: você se sente atraído do mesmo modo pelas coisas de Deus? Ou a força magnética do seu celular se tornou maior do que a presença prometida de Deus na sua vida?

A segunda confissão que os meus jovens amigos fizeram: eles sabem que sua obsessão os distrai de Deus. De novo, peço que seja sincero. Você pensa mais no que Deus diz em sua Palavra ou no que as pessoas escrevem na sua página de uma rede social qualquer? Quanto tempo você passa pensando em Deus *versus* no que dizer *on-line*? Esforce-se por falar a verdade. Por tentador que seja ignorá-lo, se Deus está tentando chamar a sua atenção, não o rejeite.

Você transformou uma coisa boa em algo supremo e superior ao próprio Deus?

Davi fez essa pergunta e então, inspirado por Deus, respondeu: "Quem poderá subir o monte do Senhor? Quem poderá entrar no seu Santo Lugar? Aquele que tem as mãos limpas e o coração puro, *que não recorre aos ídolos* [...]" (Salmos 24.3,4). O texto da *Nova Versão Internacional* em inglês, de 1984, diz "que não eleva a alma a um ídolo", e essa imagem me impressiona. Estamos trocando a nossa adoração da Trindade por algo mais na linha do 4G LTE?

Será possível que a nossa alma, a parte de nós que ninguém enxerga, exceto Deus, esteja secretamente elevando a nossa presença *on-line* acima da presença eterna do Senhor?

Buscamos sem parar algo ilusório? Um buraco negro de promessas vazias? Estamos crendo que alguma outra coisa que não Deus nos realizará, nos satisfará e dará sentido à nossa vida? É possível que elevemos a nossa alma a um ídolo *on-line*? Se é assim, a nossa alma ainda anseia por mais.

Deus é um Deus ciumento. Quer ser o primeiro, acima de tudo mais no nosso coração e na nossa vida. Assim, seja sincero em relação às mídias sociais, ou a qualquer outra área da sua vida que você tem posto acima de Deus. É hora de derrubar os ídolos.

7.7 DO SEU JEITO DE SER

Anos atrás, conversei com um sujeito que se gabava de sua riqueza e detalhava todas as maneiras pelas quais Deus o abençoara. O sujeito construíra um negócio bem-sucedido do qual se orgulhava bastante. Ele descreveu como seus lucros haviam crescido nos últimos cinco anos e se vangloriava do valor da sua companhia. Falou sobre sua segunda casa no *resort* de esqui em Aspen, Colorado, e sobre o avião particular que utilizava nas viagens de negócios e para transportar a família para lá e para cá em suas frequentes férias exóticas.

Por fim, senti-me compelido a desafiá-lo um pouquinho. "Você disse que Deus o abençoou. Sente alguma responsabilidade no sentido de usar o que Deus tem dado a você para fazer a diferença?" Eu tinha quase certeza de que o veria amenizar a fala, talvez até retroceder e me contar de alguém a quem ajudara, de algum ministério ou instituição filantrópica a que apoiava financeiramente. Talvez ele não quisesse se gabar do que doava, nem revelar como Deus o conduzira a investir no Reino. Mas o sujeito seguiu em frente como um rolo compressor e, com toda a calma, explicou por que não se sentia compelido a doar nada.

Perplexo, pedi que fosse mais claro. "Quer dizer que você não doa *nada*? Nada mesmo?"

Foi quando ele falou algo de que nunca me esquecerei. Sem reservas, retrucou: "Não doo nada porque amo o dinheiro. Amo ganhá-lo. Amo gastá-lo. Amo o que ele compra. Amo como ele me faz sentir. Ganho o meu próprio dinheiro; então eu o uso para mim mesmo. E ponto final". Imagino que o meu queixo tenha batido no chão porque ele ainda acrescentou: "E não venha me dizer que o amor ao dinheiro é a raiz de todos os males. Já ouvi essa antes. Pode ser verdade para algumas pessoas, mas Deus e eu nos damos muito bem. Ele me abençoa, e sua bênção é minha para gastar como bem entendo. É assim que sou e não vou mudar".

Por mais chocado que me sentisse, gostei de sua sinceridade e objetividade. Temo que sua atitude para com o dinheiro seja semelhante ao que muita gente sente em relação à tecnologia. Talvez haja uma disfunção séria no modo de nos relacionar com os nossos celulares, seguidores ou curtidas, mas não nos importamos. Sabemos que alguma coisa deveria mudar, mas nos livramos dessa ideia com um dar de ombros. Pode acontecer de pensarmos: *Estou ótimo assim. Gosto das coisas desse jeito. É assim que sou. Mesmo que seja errado, mesmo que Deus tenha algo melhor para mim, não me importo.*

No Antigo Testamento, Gideão enfrentou problema semelhante com o povo a seu redor. Eles se curvavam voluntariamente diante de ídolos e, nesse processo, faziam pouco caso de Deus. Mas Deus não estava disposto a aturar essa situação. Com justo furor, disse a Gideão: "[...] Despedace o altar de Baal, que pertence a seu pai, e corte o poste sagrado de Aserá que está ao lado do altar" (Juízes 6.25). Observe que Deus não pediu para Gideão ajudar o povo a lidar com seus ídolos, a diminuí-los em alguns centímetros, a apenas mantê-los sob controle. Não, ele ordenou a Gideão que os despedaçasse, que cortasse os postes. Não tolere os ídolos. Acabe com eles. Destrua-os. Destroce-os. Extirpe-os.

Se você sabe que as suas obsessões doentias estão interferindo nos seus relacionamentos mais importantes — com pessoas ou com Deus —, é hora de agir.

Hoje.

Neste instante.

Agora.

Deus não quer que você tenha *nenhum* deus diante dele. Nem um mesmo. Ele almeja que você o conheça, desfrute de sua presença e bondade constante, ande com seu Espírito e viva em seu amor.

Quando Jesus viu um homem rico idolatrando o próprio dinheiro e bens, as Escrituras dizem: "Jesus olhou para ele *e o amou*. 'Falta uma coisa para você', disse ele. 'Vá, venda tudo o que você possui e dê o dinheiro aos pobres, e você terá um tesouro no céu. Depois, venha e siga-me' " (Marcos 10.21).

Não entenda errado a motivação de Jesus para pedir tanto desse homem rico. Jesus não disse ao rapaz para dar a ele e a seus discípulos todo o dinheiro que tinha, ou para doá-lo à campanha de construção de um novo templo. Ele simplesmente o amou. Você percebe? *Jesus o amou.* E ama você mais do que você pode imaginar. Ele não quer que você se deixe seduzir pela possibilidade de se acomodar a uma falsificação.

Quer que você abrace a graça, satisfeito de alma, porque Deus não só é tudo aquilo de que você necessita, como também mais do que pode imaginar.

É interessante para mim que, ao menos no registro dos Evangelhos, Jesus não disse a mais ninguém para vender tudo e doar todo o dinheiro. Essa é a única vez em que ele dá uma ordem tão específica. Por que diz a esse homem e a mais ninguém para se livrar de tudo o que tem? Não porque Deus não queira que tenhamos dinheiro e bens; ele apenas não quer que essas posses nos controlem. Sem sombra de dúvida, as coisas deste mundo controlavam o coração do homem rico. Consumiam-no. Ele fora seduzido. E, pelo fato de o amar, Jesus queria que ele tivesse algo melhor. Por isso, ordenou que se livrasse de seus ídolos e o seguisse.

Se você sentir o Espírito de Deus o cutucar (ou talvez ele opte por movimentar o seu cursor), não o ignore. Ele ama você. Se a sua alma foi seduzida para servir a um deus impostor, o único Deus verdadeiro deseja coisa melhor para você.

Mas alcançar o melhor requer destruir o ídolo.

Não o administre.

Destrua-o.

7.8 ANSEIO E CONVERSÃO

No tempo de faculdade, eu era obcecado por popularidade, festas e garotas. Quando me tornei seguidor de Jesus, dei um jeito de abandonar a necessidade que tinha de ser popular e fugi das festas mais frenéticas. No entanto, continuei bastante obcecado por encontrar uma esposa. Se eu não podia ser o *playboy* do *campus*, imaginei que seria melhor me concentrar no mundo competitivo do "namoro cristão visando casamento". Algum tempo depois, já estava claro que essa busca se tornara um ídolo para mim.

Tendo constatado a falta de equilíbrio no meu comportamento, resolvi mudar o foco. Durante dois anos, parei de namorar por completo. Em vez de buscar uma esposa com a intensidade capaz de deixar o *The Bachelor* no chinelo, passei a buscar Deus. Dediquei a maioria das noites de sábado (a minha antiga noite de festa e namoro) à oração, lendo a Palavra de Deus e buscando conhecer seu coração. Eu não fazia ideia na época de quão importante esse período seria para mim. Pouco a pouco, o desejo pelo que mais ansiava diminuiu, e a minha fome da vontade de Deus se tornou tudo para mim. Só quando ele passou a ocupar o lugar certo na minha vida, o meu coração ficou pronto para amar outra pessoa com o amor de Deus. Esse ídolo caiu, e a minha paixão pelo Senhor cresceu.

Não sei o que significará para você a destruição dos seus ídolos, mas, se está tendo dificuldades para adquirir o controle, pode ser a hora de tomar uma atitude mais drástica. Conheço uma menina (vou chamá-la de Amber) que ficou de tal forma obcecada por seu blogue e pelo público *on-line* que ele atraía que sua obsessão começou a impactar seu casamento, suas amizades, seu desempenho e seu relacionamento com Deus. Muita gente tentou ajudar Amber a enxergar que ela estava longe demais do equilíbrio, mas ela resistiu, revidando e defendendo seu território.

Finalmente, seu marido conseguiu sua atenção quando anunciou que estava se separando. Na terapia de casal, ela enfim abriu os olhos para a verdade. Estava idolatrando sua imagem *on-line*. Por reconhecer que não tinha capacidade para administrar o problema, depois de muita oração e terapia, Amber resolveu eliminá-lo. Deletou seu blogue e a conta do Twitter e se desfez da página no Facebook. Basicamente se despiu de tudo o que vinha alimentando sua identidade, para poder então aprender quem era como filha de Deus. Com seu relacionamento espiritual se fortalecendo, ela foi capacitada a tentar reparar os outros relacionamentos danificados na sua vida.

Não sei de que maneira essa história se aplica à sua vida. Claro, nem todo mundo precisa dar as costas por completo às mídias sociais, mas alguns deveriam fazê-lo. Se você reconhece que de fato tem uma obsessão, conversaremos mais no capítulo seguinte sobre métodos práticos para se desconectar de coisas boas e se reconectar com as melhores. Talvez você queira conferir o Apêndice 2 no fim do livro para conhecer algumas maneiras úteis de controlar o uso que faz da tecnologia. Enquanto isso, mantenha-se sensível ao que Deus pode estar mostrando. Ele o está dirigindo a promover uma mudança ou experimentar uma abordagem diferente? O que você precisa fazer para controlar a sua presença nas mídias sociais em vez de deixar que elas o controlem?

Enquanto estiver purificando a sua alma dos ídolos, eis o que acontecerá: você começará a descobrir espaço na sua alma. Se você costumava conferir 20 vezes por dia o que as pessoas diziam no Twitter, mas agora reduziu essa conta para apenas 2 vezes, perceberá que sobra tempo para investir em alguma coisa mais significativa.

Sendo assim, o que você deveria fazer agora?

Sugiro que, como nunca, você resolva preencher a sua alma com Deus. Se você tem uma vida cheia, mas sua alma parece vazia, o que você tem a perder? Dê uma chance a essa ideia. Invoque o Senhor. Busque-o com tudo o que você tem e é. Busque-o em oração. À medida que provar e ver que ele é bom, estou convencido de que você ansiará por ainda mais da beleza dele. Em Salmos 107.9, somos ensinados: "Ele sacia o sedento e dá alimento de sobra ao faminto" (Salmos 107.9, *Nova Bíblia Viva*).

Adoro quando o salmista diz: "A alma anela, e até desfalece, pelos átrios do Senhor; o meu coração e o meu corpo cantam de alegria ao Deus vivo" (Salmos 84.2). Esta poderia ser sua oração: "Em vez de ansiar por curtidas, anelo por seu amor, sua presença, sua bondade. O meu coração canta ao Deus vivo". Ou tome emprestada a bela linguagem de outro salmo: "Como a corça anseia por águas correntes, a minha alma anseia por ti, ó Deus. A minha alma tem sede de Deus, do Deus vivo [...]" (Salmos 42.1,2).

Você se identifica com essas palavras que os salmistas usaram acerca de Deus?

Anelar?

Ansiar?

Ter sede?

Ter fome?

Se não está satisfeito e anseia por algo mais, e se você se sente estranhamente atraído pelo seu celular, iPad ou computador — como se de alguma forma neles estivesse contida a satisfação da sua alma anelante —, é preciso ajustar suas expectativas a respeito do que eles podem entregar. Claro, são ferramentas à nossa disposição para serem usadas e desfrutadas. Mas você não foi feito para o Twitter. Nem para receber curtidas no Instagram. Você foi feito para Deus e para amá-lo por toda a eternidade. Caso se contente com algo menos do que viver para ele, significa que se deixou seduzir.

Deus tem algo melhor para você.

É hora de derrubar os ídolos.

Anele por Deus. Anseie por ele. Tenha sede de sua presença.

E deixe-o satisfazer a sua alma.

Capítulo 8

Restabelecendo o descanso
Na luta contra a distração permanente

Porque Deus nos fez para ele, o nosso coração se inquieta até descansar nele.
Santo Agostinho

Quando tenho de ficar sentado e me concentrar na pessoa que faz sua apresentação em uma reunião, sinto-me inquieto. Mesmo durante uma conversa informal tomando café com um amigo, é muito difícil não dar uma rápida conferida para ver se recebi alguma mensagem, *e-mail* ou nova atualização. O que é compreensível quando há alguma coisa importante acontecendo, ou se os meus filhos estão doentes. Mas sinto os dedos nervosos sempre que não confiro o celular a cada minuto. Às vezes nem percebo que isso acontece! Odeio isso, mas não sei como quebrar esse hábito.
Andrew L.

Perdi o celular na semana passada e não consegui achá-lo em parte alguma. Fiquei em pânico um dia inteiro, preocupada com o que pensariam todos os que tentaram entrar em contato comigo, uma vez que eu não retornara. Afinal, encontrei o meu celular enfiado debaixo do tapete do carro aquela noite. Ninguém me ligara, exceto do consultório do dentista para me lembrar de uma consulta marcada para breve. A minha irmã mandara uma mensagem sobre a receita do bolo de maçã da mamãe. E recebi uma dúzia de *e-mails,* nada urgente nem terrivelmente importante. Mas me senti muito impotente e isolada sem o celular.

Odeio me sentir dessa maneira!

Patty S.

A minha chefe está me obrigando a tirar um mês sabático porque sabe que estou esgotado. Já passou a hora de tirar umas férias e tenho bastante tempo acumulado, mas não sei o que fazer ao longo de um mês inteiro que chegue perto de ser relaxante. Vou ficar preocupado com tudo o que estiver perdendo e com o trabalho que se acumulará no escritório. Não poderei nem conferir os *e-mails*, já que a minha assistente responderá a todos eles e me ligará caso apareça algo urgente de verdade. A maioria das pessoas pensa no sabático como um privilégio enorme, mas eu tenho a impressão de estar sendo punido.

Tom J.

8.1 TENHA MUITO MEDO

Você sofre de Nomofobia? Ao menos sabe o que é isso?

De acordo com a revista *Psychology Today*, nomofobia é "o medo de ficar sem um dispositivo móvel, ou fora do alcance do celular".[1] Hoje, entre estudantes do ensino médio e universitários, esta fobia está em ascensão. Um número cada vez maior de universitários agora *toma banho* com o celular.[2] Um estudo demonstrou que o adolescente médio preferiria perder um mindinho a seu aparelho celular.[3]

Mesmo que essa informação provoque risos ou o leve a revirar os olhos, não se engane: a nomofobia é real. Estudos têm demonstrado que cerca de 66% dos adultos experimentam ansiedade extrema quando perdem a conexão com o celular.[4] Sabe aquela sensação que você prova quando a carga da bateria cai para 8%? Ou aquele nó horroroso no estômago quando você enfia a mão na bolsa ou no bolso e o seu celular não está onde deveria? Mais da metade das pessoas que usam dispositivos móveis começa a sentir irritação quando ele não está por perto.

Parece exagero? Bem, sabe do que mais? Considerando a faixa etária limitada de 18 a 24 anos, o percentual pula para 77%.[5] Pense nesse número só por alguns instantes. Significa que

---

[1] Credita-se o termo à abreviatura em inglês *No-Mo*, de *No-Mobile*, "sem [aparelho] móvel". [N. do R.]
[2] ELMORE, Tim. "Nomophobia: A Rising Trend in Students", **GrowingLeaders.com**, September 2, 2014. Disponível em: <http://growingleaders.com/blog/new-trend-students-nomophobia>. Acesso em: 08 mar. 2016, 00:30:56.
[3] Ibid.
[4] WRENN, Eddie. "The Biggest Phobia in the World? 'Nomophobia' — the Fear of Being without Your Mobile — Affects 66 Percent of Us", **DailyMail.com**. Esses estudos foram conduzidos no Reino Unido, mas provavelmente refletem a atitude dos norte-americanos também. Disponível em: <http://www.dailymail.co.uk/sciencetech/article-2141169/The-biggest-phobia-world-Nomophobia--fear-mobile--affects-66-cent-us.html>. Acesso em: 08 mar. 2016, 00:38:42.
[5] Ibid.

três em quatro adultos jovens sofrem de ansiedade quando não conectados por meio da tecnologia.

Na primeira vez em que li esses números, para ser franco, achei difícil dar-lhes crédito. Então, poucas semanas depois, a nossa igreja recebeu todos os membros da equipe e os respectivos cônjuges para um evento de três dias de duração. Ao longo de uma das reuniões, deixei o celular com a minha assistente para que concluísse uma tarefa para mim. Enquanto eu conversava com alguém, ela precisou sair, levando o meu celular junto. Nada de mais, certo?

Durante os primeiros 15 minutos da reunião seguinte, não senti falta do celular. Mas então pensei em alguém para quem precisava enviar uma mensagem. Quando levei a mão ao bolso para pegar o aparelho, ele não estava ali. A princípio entrei em pânico, mas em seguida me lembrei de que a minha assistente continuava com ele. Depois de cerca de 30 minutos sem o aparelho, senti-me frustrado. Em 45 minutos, descobri-me resvalando para o modo ansiedade a plena carga. Não me divertia nada a ironia de não poder enviar uma mensagem ou ligar para a minha assistente e lhe perguntar onde estava o meu celular.

De modo que comecei a olhar em volta, à procura de alguém que pudesse ter o número dela na lista de contatos, alguém a quem fosse possível entrar em contato com ela e explicar o que de repente dava a impressão de ser um problema urgente. Senti-me impotente e várias vezes pensei: *Onde será que ela foi parar?* Não havia nada que eu pudesse fazer. Mas como se esperava que eu governasse o mundo (ou, pelo menos, o meu mundo) sem o celular?

Então me ocorreu: talvez aqueles percentuais não estivessem tão longe da verdade, afinal de contas.

De acordo com um estudo, 58% das pessoas dizem que não passam uma hora acordadas sem olhar para o celular; 59% conferem seus *e-mails* assim que eles chegam, e 89% conferem os *e-mails* todos os dias durante as férias. Outro estudo afirma que 87% dos adolescentes dormem com o celular.[6] Sinto muito, mas, se você anda dormindo com o celular, precisa de ajuda. De terapia. De Jesus. E alguém precisa tirar o celular de perto durante as oito horas em que você estiver dormindo.

Oitenta e quatro por cento das pessoas se disseram incapazes de passar um dia sem celular.[7] Eis o poder da nomofobia em ação. Ela é incrivelmente real. E cada vez mais comum.

8.2 SÁBADO CIBERNÉTICO

Deixe-me propor algumas perguntas, e quero que você responda com toda a sinceridade possível. Você nunca deveria mentir para ninguém, mas lembre-se, sou pastor, portanto mentir para mim é ainda pior. (Eu odiaria se um raio caísse sobre você e deixasse só restos chamuscados da carcaça do seu celular em cima do lugar em que você está sentado.)

A última coisa que você faz todos os dias é conferir o celular?

---

[6] LOIZOS, Connie. "Eighty-Seven Percent of Teens Sleep with Their Cell Phones and Other Alarming Statistics", **PEHub.com**, April 20, 2010. Disponível em: <https://www.pehub.com/2010/04/87-percent-of-teens-sleep-with-their-cell-phones-and-other-alarming-statistics/>. Acesso em: 08 mar. 2016, 00:53:10.

[7] DUERSON, Meena Hart. "We're Addicted to Our Phones", **New York Daily News**, August 16, 2012. Disponível em: <http://www.nydailynews.com/life-style/addicted-phones-84-worldwide-couldn-single-day-mobile-device-hand-article-1.1137811>. Acesso em: 08 mar. 2016, 00:58:42.

E quando acorda? Conferir o celular é uma das primeiras coisas que você faz a cada manhã?

Você se sente compelido a verificar o celular enquanto espera no *drive through* da lanchonete, na fila do caixa na loja, ou no aeroporto? Mais de uma vez?

Você preferiria entregar a um assaltante a sua bolsa ou carteira a entregar o celular?

Se você respondeu sim a qualquer uma dessas perguntas, talvez seja hora de desligar o aparelho e guardar um sábado cibernético. Hora de se lembrar de como é a vida sem celular, *tablet* ou *laptop*. Hora de a sua alma descansar.

Você pode achar que, pelo fato de ser pastor, não travo esse tipo de luta. Creia-me, no entanto: travo sim, tanto quanto você. Meditando nesse tópico, eu sabia que tinha de olhar para os meus próprios hábitos. No fim do dia em que descobri o significado de nomofobia, recebi três mensagens de texto após as 22h45. Por volta de 23h15, já prestes a ir para a cama, conferi o meu *e-mail* pela última vez e descobri várias mensagens ainda não lidas. Uma em particular me aborreceu de verdade e, para piorar as coisas, eu não podia fazer nada em relação a ela naquele momento. Por isso, fiquei deitado na cama, alternando entre tentar dormir e olhar fixo para o teto no escuro, com a cabeça fervendo. Não dominara a tecnologia aquela noite; fora dominado por ela.

Desconfio que eu não seja o único. Creio que muitos de nós têm dificuldades para se desconectar e desligar. Muitos de nós, quando entediados, sem nada mais para fazer, ou no intervalo entre uma tarefa ou conversa e outra, recorremos ao

> Muitos de nós, quando entediados, [...] recorremos ao hábito padrão e descerebrado de pegar os nossos dispositivos móveis e começar a clicar em um gesto preguiçoso.

hábito padrão e descerebrado de pegar os nossos dispositivos móveis e começar a clicar em um gesto preguiçoso.

Quando a nossa mente está ociosa, não pensamos em nada significativo, e, quando não vivemos buscando a satisfação de algum propósito, pode ser fácil engatar o ponto morto. Quando não visamos um destino específico, qualquer estrada serve. E se o nosso tempo e os nossos recursos não são preciosos, se não estivermos fazendo nada importante, pode ser fácil pegar o celular, desbloquear a tela e vagar sem rumo pelo espaço cibernético, desperdiçando tempo e ideias.

Por nos permitirmos a toda hora tanta distração, pelo fato de não levarmos os pensamentos cativos em obediência a Cristo, a nossa mente nunca desliga. Por isso, somos distraídos a todo instante. Não conseguimos trabalhar de maneira produtiva por longos períodos de tempo porque permitimos que alguma coisa toque ou bipe ou nos interrompa a concentração. Deixamos que as RPM [revoluções por minuto] comandem o tempo todo, aumentando sem parar a velocidade dos nossos motores mental e emocional. Sentimo-nos sufocados e não sabemos por quê. Somos bruscos com os nossos filhos e não sabemos o motivo. Sentimo-nos espiritualmente exauridos e desconhecemos a razão. Ansiamos por algo mais. Por irônico que pareça, o tempo todo retornamos à fonte da nossa insatisfação, e claro que não é nesse ponto que encontraremos paz.

Alguma coisa precisa mudar.

8.3 O CHAMADO DE JESUS

Na nossa cultura, a maior parte das pessoas aceita o fato de que o nosso corpo precisa descansar. Pois eu diria que a nossa alma necessita de descanso tanto quanto o nosso corpo.

Ela precisa se desconectar *bing!* tempo suficiente para encontrar paz *bing!* e um pouco de isolamento na presença do Deus *bing!* que nos criou para conhecê-lo, *bing!* para andar diariamente com ele, *bing!* para manter um relacionamento íntimo, contínuo e próspero com ele, *bing!* representando seu amor neste mundo *bing!* em vez de se deixar envolver o tempo todo *bing!* por um pequeno dispositivo que requer a nossa atenção absoluta.

Você consegue perceber o que estou dizendo?

Dirigindo-se à igreja em Corinto, o apóstolo Paulo diz: "Alguém vai dizer: 'Eu posso fazer tudo o que quero'. Pode, sim, mas nem tudo é bom para você. Eu poderia dizer: 'Posso fazer qualquer coisa'. Mas não vou deixar que nada me escravize" (1Coríntios 6.12, *Nova Tradução na Linguagem de Hoje*). Ao escrever esta carta para os coríntios, Paulo respondia a todos os tipos de atos pervertidos e pecaminosos que soubera que eles praticavam. Tentava lhes mostrar que em Cristo temos liberdade para fazer muitas coisas. No entanto — e você provavelmente não precisa de mim para dizer isso —, só porque *podemos* fazer algo não significa que *devamos* fazê-lo.

O que Paulo diz aqui é um dos meus versículos prediletos nas Escrituras: " 'Posso fazer qualquer coisa'. Mas não vou deixar que nada me escravize". O poder de Cristo em mim deveria ser mais forte do que qualquer outra coisa na minha vida. Não serei escravizado pelo vício de comida. Não serei escravizado por bens materiais. Não serei escravizado pelo vício de olhar para coisas que são impróprias. Não serei escravizado por aquilo que os outros pensam sobre mim.

Não serei escravizado pela tecnologia.

Mas às vezes sou.

Amo a tecnologia, mas tenho de permanecer atento para me recusar a ser escravizado por ela. Cristo em mim é mais forte do que qualquer vício em mim. Cristo em você é mais forte do que qualquer vício em você. Não seremos escravizados.

> Cristo em você é mais forte do que qualquer vício em você. Não seremos escravizados.

Se você passa o tempo inteiro conectado e se descobre sentindo uma frustração ruim — "Deve haver algo mais, deve haver algo mais, deve haver algo mais" —, o meu argumento será que Deus tem um descanso especial para você em Cristo. Você precisa saber que o descanso dele está disponível para a sua alma.

E está disponível já: "Assim, ainda resta um descanso sabático para o povo de Deus; pois todo aquele que entra no descanso de Deus também descansa das suas obras, como Deus descansou das suas. Portanto, esforcemo-nos por entrar nesse descanso, para que ninguém venha a cair, seguindo aquele exemplo de desobediência" (Hebreus 4.9-11).

Por que é tão difícil encontrar esse descanso? E o que é isso por que tanto ansiamos? Citei Santo Agostinho no início do capítulo e espero que você se identifique com as palavras dele. Deus nos criou para nos relacionarmos com ele. Assim, o nosso coração fica irrequieto até descansarmos nele.

Isso explica por que a nossa alma está inquieta há tanto tempo, por que procuramos *on-line* algo capaz de satisfazer o nosso anseio. A nossa alma necessita de algo que traga significado, que seja capaz de ajudar os nossos relacionamentos a funcionarem, de nos dar propósito e sentido, que preencha o nosso vazio interior de uma vez por todas. Esta é a questão central: temos um vazio no formato de Jesus no nosso interior. E nada, a não ser Jesus, jamais preencherá essa lacuna.

Jesus anseia por nos dar o que almejamos com tanto desespero: "Venham a mim, todos os que estão cansados e sobrecarregados, e eu darei descanso a vocês. Tomem sobre vocês o meu jugo e aprendam de mim, pois sou manso e humilde de coração, e vocês encontrarão descanso para as suas almas" (Mateus 11.28,29). Você está cansado? Sente-se sobrecarregado? Venha para Jesus. O convite dele é para você. Venha para ele agora. Venha para ele pela fé, e ele concederá descanso a você. Ele é manso. Seu coração é humilde. Jesus oferece a você seu descanso especial.

No entanto, para experimentar em plenitude seu descanso, você terá de focar o coração nele e só nele. Mais nada. Mais ninguém.

Só Jesus.

8.4 TUDO ESTÁ CALMO

É hora de encarar a realidade. Qual será a sua escolha? Você fará o que sentir Deus o conduzir a fazer? Ou apenas tentará entorpecer esse sussurro tranquilo e seguirá com a vida como ela sempre foi? A decisão é totalmente sua. Mas talvez você esteja se perguntando: "Como? Como vou até ele? Parece ótimo, mas como encontro descanso em Deus?".

Você pode começar implementando duas práticas desde já. A primeira é simples: aprenda a ficar quieto. Veja o que o salmista diz sobre Deus:

> Aquietai-vos e sabei que eu sou Deus;
> sou exaltado entre as nações,
> sou exaltado na terra (Salmos 46.10, *Almeida Revista e Atualizada*).

Aprenda a se desconectar e a se calar na presença de Deus.

Aquiete-se.

Concentre-se em Deus.

Você já ficou perto de uma criança que parece incapaz de permanecer sentada? Talvez você tenha um filho assim. (Pode ser até que você esteja casado com uma criança grande que é assim.) Às vezes só o que se tem vontade é de exclamar: "Sente-se e fique quieto, ou você vai ver só!".

Em um de seus salmos, Davi declara: "De fato, acalmei e tranquilizei a minha alma [...]" (Salmos 131.2). Observe que ele sinaliza a possibilidade de alguém *optar por agir assim*. Não aconteceu simplesmente de a alma de Davi se acalmar por acaso. Ele próprio a acalmou. Fez isso de propósito. Não se levantou certa manhã, pôs-se a conferir o celular e disse: "Oh, parece que recebi alguns *e-mails* novos, duas mensagens de texto e algumas notificações. Isso me lembra de uma coisa: como me sinto calmo!". Não, Davi optou por se acalmar. Aquietou-se. Decidiu estar tranquilo.

Podemos aprender a fazer a mesma coisa. Não é fácil. Requer prática, sem sombra de dúvida. Às vezes basta dizermos à nossa alma que relaxe. "Fique fria, alma. Pare com toda essa tensão. Sente-se um pouco. Descanse. Respire fundo". Em sua mente, Davi escolheu mudar de rumo e fixou o foco na busca de um estado de tranquilidade e silêncio.

Como sei que você pode fazer isso? Porque aprendi do jeito mais difícil. E, se eu consigo aprender a me aquietar diante de Deus, qualquer um consegue.

8.5 SÓ CINCO MINUTOS

Em duas ocasiões diferentes na vida, busquei ajuda profissional para tratar do vício em trabalho. Na primeira vez em que procurei um terapeuta para discutir o problema foi por orientação do meu chefe. Eu era muito jovem na época e zombava em segredo de sua preocupação com toda a determinação que eu demonstrava. Eu pensava: *Por que alguém haveria de precisar de terapia para isso? Ora, você diz que sou viciado em trabalho; pois eu digo que sou disciplinado. Todos deveríamos conseguir fazer mais coisas todos os dias! Se o fato de eu ser superfocado e produtivo é um crime, então me declaro culpado.*

Mas, na segunda vez... Bem, essa foi diferente. Eu chegara à dolorosa conclusão de que estava preso na armadilha de um pesadelo sem fim de minha própria autoria e fabricação. Não importava quanto ou por quanto tempo trabalhasse, nunca era suficiente. Eu tinha sempre muito por fazer. Acordava todas as manhãs me sentindo atrasado, o que só me fazia trabalhar mais depressa, ficar mais tempo no trabalho e me esforçar mais. No entanto, não conseguia manter esse ritmo. Estava exausto e frustrado e sabia que alguma coisa precisava mudar. Não podia viver assim. Eu tinha consciência de que o trabalho se convertera em um ídolo, algo que eu justificava com a desculpa de que estava "servindo a Deus". Mas eu também sabia que Deus queria que eu descansasse, coisa que não podia fazer.

Assim, procurei um terapeuta: eu necessitava de ajuda se pretendia que alguma coisa mudasse. Tentara enfrentar o problema sozinho, tentara destrinchá-lo, mas ele estava me dominando. A rotina de trabalho estava destruindo o meu corpo, a minha mente e a minha vida.

O terapeuta me ouviu e fez diversas perguntas. No fim, ajudou-me a enxergar o padrão em que eu estava preso. Ele disse: "O seu corpo está viciado em adrenalina. Sabe a pequena pontada de empolgação que você experimenta toda vez que conclui algo? É uma droga liberada dentro do seu cérebro. Como a heroína ou outro narcótico qualquer, o seu corpo anseia por esse pico de energia e o buscará até morrer".

Constatei que ele dizia a mais pura verdade, de modo que me dispus, é claro, a fazer tudo o que estivesse ao meu alcance para superar o problema. No entanto, sua solução soou para mim como a coisa mais idiota que alguém já dissera. "Você precisa aprender a desligar. Precisa agendar cinco minutos por dia, todos os dias, para não fazer nada. Só isso. Não faça nada. Não pense em nada. Apenas fique quieto diante de Deus. Marque esse intervalo na agenda e seja fiel em respeitá-lo".

Escutei-o com todo o respeito, mas pensei: *Você não sabe o que está falando. Faz ideia de tudo o que ainda tenho para fazer? Não tenho tempo para mais nada! Eu pago 95 dólares a hora para receber conselhos, e é isso que você tem para me dar?*

Na época não percebi isso, mas, olhando para trás agora, reconheço que a simples ideia proposta pelo terapeuta me estressava. Não fazer nada? Durante cinco minutos? Que coisa mais ridícula e estúpida! Qualquer um consegue não fazer nada por cinco minutos — fácil!

E então experimentei implementar a ideia. Foi uma das coisas mais difíceis que já fiz na minha vida. Imagine o seguinte: a hora marcada para não fazer nada durante cinco minutos aparece de repente na tela da sua agenda. Você ajusta o despertador para tocar em cinco minutos, deixa o celular virado para baixo em cima da mesa, cruza os dedos, fecha os olhos e tenta esvaziar a mente.

Bing!

A minha mente disparou no mesmo instante. *Espere! O que foi isso? O que acaba de acontecer? O que foi que perdi? Será um* e-mail *importante? Uma mensagem a que devo responder? E se Amy precisar de mim? E se uma das crianças se machucar? Alguém postou uma foto do café com um desenho na espuma? Alguém acaba de curtir a foto que postei do meu almoço? O que está acontecendo? O que está se passando lá fora? O que estou perdendo?*

Ria quanto quiser, mas desafio você a fazer a experiência. Cinco minutos sem fazer absolutamente nada.

No início parece impossível porque começa a vir à sua mente tudo o que você andava distraído demais para perceber.

"Preciso fazer aquele conserto no quintal."

"Psiu", Deus chama. "Relaxe."

"O que vou preparar para o jantar esta noite?"

"Fique quieto", ele diz.

"Preciso comprar leite na volta para casa."

"Acalme a sua alma", ele pede.

"Se a fralda do bebê não for trocada, o estrago será grande."

"Eu sou Deus", ele avisa.

"Ouvi alguém dizer que reagendaremos a reunião de amanhã. Já me mandaram o novo horário e o número da sala?"

"Consegue me ouvir?", Deus pergunta.

Não tenho tempo para ficar aqui sentado agora! Vou acabar me esquecendo de tudo o que precisa ser feito!"

"Cale-se", ele diz, "e saiba que eu sou Deus".

Só cinco minutos. Você é capaz? Ou existe alguma coisa que o escraviza? Você precisa verificar o tempo todo o que está acontecendo na vida dos outros? Ou consegue ser disciplinado, pelo poder que ressuscitou Cristo dos mortos e que

hoje vive no seu interior, e simplesmente... se... aquietar?
Sim?
É capaz de se aquietar?
De contemplar a bondade de Deus?
De simplesmente saber que ele é Deus?
Respire fundo.

Existe alguma coisa que o escraviza? Você precisa verificar o tempo todo o que está acontecendo na vida dos outros? Ou consegue ser disciplinado, pelo poder que ressuscitou Cristo dos mortos e que hoje vive no seu interior, e simplesmente... se... aquietar?

8.6 CONSEGUE ME OUVIR?

Aquietar-se é só a primeira parte. Eu diria que a segunda coisa que você precisa fazer é mais importante, porém não é possível realizá-la antes de se aquietar. Depois que você tiver encontrado um meio de silenciar o barulho e de acalmar a sua alma, ouça apenas.

Ouça.

Consegue ouvi-lo?

Procure escutar o sussurro tranquilo de Deus.

Assim como o aquietar-se, claro, ouvir não acontece por acaso. Você necessita de um plano para chegar a isso, pois jamais encontrará uma brecha que permita a você ouvir Deus falar no meio de todo o barulho. Você precisa agir com deliberação e traçar um plano. A Bíblia descreve esse preparo como um ato de sensatez: "O homem sensato sempre pensa antes de agir, mas o tolo anuncia a sua ignorância" (Provérbios 13.16, *Nova Tradução na Linguagem de Hoje*).

Não poderia estar mais clara a tolice que é *não* traçar um plano. No entanto, todos conhecemos pessoas assim. Elas dizem coisas como: "Não é nada demais. Apenas gosto de ver para onde o dia me leva. De alguma forma, vai dar tudo certo". O problema é que, quando tentamos "ir com a corrente", acabamos tendo de apagar pequenos incêndios o dia inteiro, todos os dias, à medida que eles surgem. Vivemos a vida no modo reagente. Cada novo problema que surge tem o potencial de se transformar em emergência ou crise. As nossas prioridades sofrem por permitirmos que as distrações nos consumam. Precisamos planejar de antemão como e quando nos aquietaremos para conseguirmos ouvir a Deus.

Se você acha que ouvir a Deus não é nada demais, preciso dizer, do modo mais respeitoso possível, que essa ideia é uma tolice. Se você negligencia o seu tempo com Deus porque permite se distrair o tempo todo, está perdendo uma íntima conexão com ele. O seu relacionamento com Deus é semelhante aos demais relacionamentos da sua vida. Se você negligenciar as pessoas importantes da sua vida interrompendo o tempo que passam juntos, acabará por magoá-las. Se você verificar a todo instante o resultado do seu *fantasy football* ao mesmo tempo que tenta manter uma conversa com a sua esposa, ela se sentirá desrespeitada. Se conferir o Facebook ou blogar em vez de ajudar os seus filhos com o dever de casa, então presumirei que eles não são importantes o suficiente para merecer o seu tempo. Se você não consegue se desligar ao menos por alguns minutos por dia para se aquietar e ouvir o que Deus talvez queira dizer, então você está lhe enviando o mesmo tipo de mensagem.

> Se você negligencia o seu tempo com Deus porque permite se distrair o tempo todo, está perdendo uma íntima conexão com ele.

Jamais me esquecerei de uma ocasião em que Amy foi muito direta comigo: "Você não deveria deixar que o seu celular interrompesse o nosso tempo juntos, como família, na hora do jantar. A igreja consegue sobreviver 45 minutos sem você". Ela não poderia estar mais certa.

Foi constrangedor, mas eu precisava ouvir aquilo. No entanto, tive de traçar um plano para mudar o meu mau hábito.

Um bom plano é composto por duas partes: defesa e ataque. A nossa defesa são as estratégias que criamos para nos proteger de influências que, bem sabemos, tentarão nos desestabilizar. Mas não seremos escravizados por nada. O poder de Cristo em nós é maior do que qualquer vício que tenhamos e mais forte que a seriedade de qualquer coisa que tente nos afastar dele. Não permitiremos que nada nos separe do amor de Deus que está em Cristo (v. Romanos 8.35-39). O nosso ataque é a direção para a qual voltamos a nossa vida, as ações que implementamos para ir onde acreditamos que Deus quer que estejamos.

8.7 NÃO PERTURBE

Se você quer experimentar o verdadeiro descanso para a sua alma, trace um plano que inclua tanto uma defesa quanto um ataque. Todo plano é pessoal, portanto não sei como será o seu. Mas você precisa criá-lo. Talvez a sua defesa deva começar pelo pedido às pessoas que fazem parte da sua vida — o seu cônjuge, os seus filhos, a sua família, os seus amigos, quem vive a seu redor e se importa com você — que o ajudem a estabelecer algumas regras básicas.

Pode ser que, ao se reunirem à mesa, todos os celulares devem ser silenciados e o modo de vibração deve ser desligado, e eles devem ser colocados com a tela para baixo no meio da mesa. Tenho alguns amigos que deixam um cesto ao lado da geladeira com esse propósito. Quando todos chegam para jantar, eles desligam os celulares e os colocam dentro da cesta. Ninguém pode pegar o seu até o fim do jantar, quando então mamãe e papai os entregam. Esse é um ponto de partida bastante fácil. Mas você não precisa manter essa defesa restrita ao âmbito familiar. Talvez devesse aplicá-la durante a reunião do seu pequeno grupo e no período que passa com os seus amigos.

Amy e eu estabelecemos uma defesa quando eu estudava o material para este livro. Os nossos filhos se aprontam para ir para a cama às 9 da noite. Os mais velhos dormem um pouco mais tarde, mas todos se preparam e deitam nesse horário. Às 10, colocamos os celulares no modo "não perturbe" e os deixamos carregar durante a noite. Entre 10 da noite e 7 da manhã, o tempo é nosso. Ficamos incomunicáveis. (No caso de uma emergência legítima, claro, os nossos filhos têm outras maneiras de entrar em contato conosco. Podem bater na porta do nosso quarto, por exemplo.)

Conquanto esta defesa funcione para nós, você terá de descobrir o que é apropriado para a sua situação. Não se deixe escravizar por nada. Seja o que for, tranque-o e empurre-o para longe de você, tanto quanto precisar, até você estar no comando.

Talvez a sua defesa seja desligar as notificações de todas as mídias sociais. Exclua o som de *bing!* da sua vida. Seja sincero consigo mesmo: a verdade é que você não precisa saber o instante exato em que o focinho do gato de alguém começou a escorrer. Ver o antílope que um barista desenhou na espuma do café do seu primo o leva mais para perto de Deus? Tudo isso pode esperar! Não estou dizendo que você não deva nem olhar para as mídias sociais. Apenas programe o tempo para isso. Domine-o; não se deixe ser dominado. Você determina quando se conectar e conferir essas coisas, e quando se desligar disso tudo.

Às vezes, quando preciso muito me concentrar em algo — digamos, na mensagem para o próximo fim de semana na igreja —, posso deixar o celular com a minha assistente, com instruções para não ser interrompido, a menos que Amy ou um dos meus filhos necessite de mim. Confio na minha assistente para resolver qualquer problema que surja, ou ele terá de esperar. Mas às vezes preciso de seis horas com a Palavra de Deus para montar uma mensagem, e não permito que uma distração tola me afaste de algo tão importante. Esse é só um exemplo que se aplica à minha vida. Mas você pode utilizá-lo para pensar no que pode fazer nas suas próprias circunstâncias.

Talvez você necessite programar e agendar pausas regulares das mídias sociais. Ao sair de férias, pode optar por não conferir o que está acontecendo por lá. Nesse caso, você concentrará toda a sua atenção, a cada dia de férias, nas pessoas com quem estiver, a quem ama e que o amam, em vez de ficar se inteirando do que os outros estão fazendo. Pode ser que apenas alguns dias não sejam suficientes para você. Talvez seja necessário o intervalo de um mês. Por quê? Porque você está sendo escravizado pelas mídias sociais. Se você acha que não consegue passar um mês sem elas, aprenderá muito sobre onde estão as suas verdadeiras prioridades. O meu propósito não é dizer a você o que fazer. Só quero levar você a pensar no seu próprio plano de defesa.

8.8 DESCANSO PARA A SUA ALMA

Por fim, além de boas medidas de defesa, você precisa desenvolver um plano de ataque. Gosto de tirar vantagem da principal ferramenta que utilizo para me relacionar com Deus. Em vez de simplesmente deixar que as mídias sociais fossem por padrão a primeira coisa a conferir a cada manhã para ver o que as pessoas andavam aprontando, perguntei a mim mesmo: "Qual seria o melhor uso que eu poderia fazer do meu celular?". Ocorreu-me que a melhor coisa que eu poderia fazer pela manhã é iniciar um plano de leitura da Bíblia do aplicativo da YouVersion Bible. Aliás, para ser franco, essa é a segunda coisa que faço, porque geralmente tenho de ir ao banheiro antes. (Tenho certeza de que Deus entende.)

Talvez algo parecido com isso seria um bom ponto para você incluir em seu plano de ataque — refiro-me à parte da leitura da Bíblia. Qual o seu plano para mergulhar na Palavra de Deus e estabelecer uma real conexão com ela? Para envolver-se com o texto sagrado? Alimentar-se da Palavra? Permitir que ela edifique a sua alma, renove a sua mente e o transforme na imagem de Cristo?

Como o meu terapeuta me aconselhou, talvez você precise se comprometer com os cinco minutos a sós por dia, um tempo sagrado para não fazer nada além de contemplar a bondade de Deus. Talvez você precise de um envolvimento maior para estabelecer um período de oração consistente e focado, em que permita à presença de Deus se derramar sobre você durante um momento de oração. Talvez você precise buscar Deus em virtude de algumas coisas específicas e então levá-las consigo ao longo do dia, orando por elas por alguns segundos cada vez que elas vierem à sua lembrança.

Talvez você necessite praticar o espírito constante de adoração. Em vez de apenas ir à igreja e entoar alguns cânticos no fim de semana, aprenda algumas músicas de adoração e/ou coloque-as para tocar ao longo do dia, ou então as cante mentalmente o tempo todo. Talvez voltar o coração para Deus desse jeito seja uma boa maneira de se conectar com ele, acrescentando pouco a pouco diferentes formas de adoração quanto mais tempo você se dedicar a isso. Deixe que a adoração cresça e se transforme de algo que você faz em parte de quem você é. Essa é uma parte estratégica do seu plano de ataque para se aproximar de Deus.

Talvez seja hora de reconsiderar o mundo ao seu redor — sair de casa realmente, olhar em volta e reconhecer e aceitar o incrível poder criativo de Deus. Considere a maravilha, a glória, a extravagância de tudo o que ele criou, tanto para sua adoração quanto para o nosso prazer.

> Observe o pôr do sol. Exponha-se ao calor do poder de Deus quando o criou, à genialidade de suas cores e luminosidade. Deixe a sua alma se embeber de tanta beleza. Resista à tentação de tirar uma foto.

O mundo que ele nos deu e em que vivemos demonstra que as pedras clamarão a ele em adoração, mesmo se nós não o fizermos (v. Lucas 19.40). Observe o pôr do sol. Exponha-se ao calor do poder de Deus quando o criou, à genialidade de suas cores e luminosidade. Deixe a sua alma se embeber de tanta beleza.

Resista à tentação de tirar uma foto. Mas, se não puder evitar, mantenha a foto desse pôr do sol como algo entre você e Deus. Não a poste *on-line*; você não precisa de ninguém curtindo algo que Deus criou para você amar. Valorize o momento com ele em sua presença e lhe agradeça em vez de corrompê-lo utilizando-o para alimentar o seu próprio ego.

Desenvolva os seus planos de defesa e ataque. Converse com as pessoas com quem você convive para chegar a soluções realistas que o ajudem a dominar de uma vez por todas tudo que o tem escravizado. Aja com seriedade em relação a isso. Você pode acabar descobrindo que quem o ama já vem orando em seu favor no sentido de superar essas coisas. Não se permita ser escravizado por nada!

No fim, tudo se resume ao seguinte:

> Assim diz o Senhor:
> "Ponham-se nas encruzilhadas e olhem;
> perguntem pelos caminhos antigos,
> perguntem pelo bom caminho.
> Sigam-no e acharão descanso" (Jeremias 6.16).

Você está em uma encruzilhada? Que decisão precisa tomar? Identifique-a. Chame-a pelo nome. Por qual caminho enveredará? Que caminhos antigos podem dar consistência à sua escolha? Às vezes as antigas disciplinas espirituais, testadas e consagradas, são melhores que as novas tecnologias. Incluem jejum, oração, solitude e busca da bondade de Deus.

Pergunte a Deus: "Pai, onde está o bom caminho? O que o Senhor quer que eu faça? Que escolhas devo fazer que trarão honra para o Senhor?".

A partir do momento em que você se aquietar e ouvir, ao sentir que Deus ensinou a você o bom caminho, *comece a percorrê-lo*. Não o descarte. Não invente desculpas. Ao seguir pelos bons caminhos do Senhor, você achará o descanso pelo qual sua alma clama. Aquiete-se e saiba que só existe um que o ama de verdade, e só ele é mais merecedor da sua adoração que qualquer outra coisa que você jamais encontrará na terra. Dê-lhe o primeiro lugar. Busque-o de todo o coração, e ele acrescentará tudo o que importa.

Aquiete-se e saiba que ele é Deus.

Conclusão

Mantendo a tecnologia no devido lugar

> As minhas coisas favoritas na vida não custam dinheiro. Está muito claro que o nosso recurso mais precioso é o tempo.
> **Steve Jobs**

Nos últimos doze anos, todo ano os nossos amigos, os Liddell, nos convidam para passarmos um fim de semana com eles em sua casa do lago. É difícil descrever quanto gostamos disso e quanto ansiamos por essa fuga anual. Nós a amamos por várias razões. Os Liddell são amigos muito chegados, e qualquer período com eles é sempre bom. Diane Liddell sempre exagera um pouco na comida. Nunca ninguém passa fome, e comemos como se não existissem calorias. É claro que cair na água, ver as crianças brincando nos escorregadores aquáticos e andar de *jet ski* é o máximo.

Mas enfim me ocorreu que há outro motivo pelo qual amo tanto ir para o lago: os nossos celulares não funcionam ali. Perdidos nas estradas do interior de Oklahoma, ficamos fora do alcance das torres de telefonia celular. Na primeira vez em que fomos para lá e não conseguimos usar os nossos aparelhos, eu subi pelas paredes. Mas, depois de constatar que eu não podia fazer nada a esse respeito, aceitei essa "zona livre de celular" como uma bênção, não uma maldição. Conquanto ainda precisasse lutar contra o impulso de conferir o celular a cada cinco minutos, como de hábito, foi bom saber que eu me encontrava absolutamente "de folga" para o resto do mundo.

Tem sido mais fácil cada vez que vamos para lá. Agora, como sabemos que não será fácil nos encontrar, contamos a poucas pessoas — os meus pais, os pais de Amy, a minha assistente e mais uns dois amigos — que ficaremos longe dos celulares durante a maior parte do fim de semana. Sabendo que os nossos celulares não receberão informações das mídias sociais, que não poderemos navegar na *web* e que as mensagens de texto não chegarão até nós, deixamos os aparelhos de lado na noite de sexta-feira e não voltamos a tocar neles até partirmos para casa, na noite de domingo. Uma loucura, não?

Na última vez em que fomos para o lago, eu mal podia esperar para desligar o celular. Foi então que me ocorreu. Estou disponível todos os dias do ano, preso a um aparelho, exceto por um fim de semana, quando fico fora do alcance da tecnologia. E esse fim de semana tem sido sempre a minha época favorita do ano.

Como já confessei, sei que algo precisa mudar no meu relacionamento com a tecnologia. Embora jamais sonhasse em dar as costas a todos os seus benefícios para a minha vida (tampouco em pedir a mais ninguém que o fizesse), recuso-me a ser escravizado por algo que deveria funcionar como uma comodidade, uma melhoria, uma bênção.

Por isso, estou implementando algumas mudanças.

Depois de ler este livro, espero que você também queira fazer a mesma coisa. Se está cansado da maneira pela qual a tecnologia o escraviza em vez de o servir, permita que Jesus promova a cura na sua vida para o capacitar a seguir em frente por sua graça e para sua glória. Você descobrirá que a cura está sempre disponível e é um processo contínuo. Deus estava por aqui muito tempo antes de você tirar a primeira *selfie* ou postar *on-line* a sua receita do #MelhorHamburguerDoMundo, e continuará por aqui muito tempo depois.

Ele é mais poderoso do que qualquer ídolo e mais amoroso do que qualquer amigo do Facebook ou seguidor do Instagram. Está mais do que disposto a ajudar você a mudar se assim o permitir.

QUER SER CURADO?

Sendo assim, se você deseja mudar a maneira de se relacionar com a tecnologia e as mídias sociais, eu o encorajo a refletir na história de alguém que pediu ajuda a Jesus quando precisou ser curado. Em João 5.1-15, ficamos sabendo como certo dia Jesus se aproximou do tanque de Betesda em Jerusalém, um lugar onde se reuniam pessoas enfermas. Elas eram cegas, provavelmente aleijadas, algumas até paralíticas.

Essas pessoas se reuniam ali e aguardavam com toda a paciência do mundo por acreditarem que um anjo agitava a água, levantando bolhas. Como tanta gente séculos antes e depois e em outros lugares, o povo de Jerusalém acreditava que as águas borbulhantes tinham poder. Os necessitados criam então na lenda de que o primeiro que entrasse na água no momento em que ela borbulhasse seria curado.

Um sujeito se destacou quando Jesus se aproximou da multidão de pessoas sofredoras, um inválido havia trinta e oito anos. *Trinta e oito anos.* Mal conseguimos imaginar como era dura a vida desse homem. Durante trinta e oito anos, ele não conseguira trabalhar. Durante trinta e oito anos, não conseguira caminhar. Durante trinta e oito anos, dependera dos outros para tudo o que fazemos por nós mesmos sem mesmo pensar a respeito. Trinta e oito *dias* de sofrimento são difíceis de suportar. Trinta e oito *anos* deviam parecer uma eternidade.

Essa realidade ressalta ainda mais a pergunta que Jesus dirigiu àquele homem. "Quando o viu deitado e soube que ele vivia naquele estado durante tanto tempo, Jesus lhe perguntou: '*Você quer ser curado?*' " (João 5.6). Isso é pergunta que se faça a um homem impossibilitado de andar durante quase quatro décadas? Parece insensível, quase um insulto. É como perguntar a alguém falido se gostaria de ganhar na loteria. Como perguntar a um faminto se ele quer o equivalente a um ano de comida grátis em seu restaurante predileto. Como Amy me perguntar se quero namorar. (Sinto muito por essa última. Deixei-me levar.) Por que Jesus faria uma pergunta tão óbvia?

Porque ele precisava saber se o sujeito desejava mesmo mudar.

Porque tinha consciência de que o homem precisava saber por si mesmo se de fato queria mudar.

Ele *realmente* queria ser curado?

Você pode ter escolhido este livro por ser um pouco como eu. Mantém um relacionamento de amor e ódio com a tecnologia. Ama-a por todos os motivos óbvios. Mas odeia que ela o consuma, e o fato de, por padrão, nos momentos em que a vida começa a andar devagar, você se pôr a clicar, a correr os dedos sobre ela, a dar duplos cliques etc.

Talvez você tenha enfrentado algum problema com a tecnologia durante algum tempo. Ela o distrai de quem está à sua frente. As pessoas com quem você se importa costumam reclamar porque você vive de olhos fixos no celular, sem as ouvir. Você não consegue ficar nem uma hora sem ver o que está acontecendo no celular. E, se não o tiver consigo o tempo todo, sente-se perdido, vulnerável e ansioso. Talvez a sua identidade esteja envolta em curtidas, comentários e compartilhamentos. Se você consegue um seguidor, fica todo feliz. Mas, se perde um, sente-se aborrecido. Sabe que não deveria ser assim, mas é. E fica chateado quando é sincero.

Se esse vício o acorrenta há algum tempo, talvez você reconheça três grandes desafios que dificultam muito a sua libertação.

1. *Quanto mais um problema persiste, mais desanimado você se torna.* Ao longo de trinta e oito anos, nada mudou para o pobre homem junto ao tanque de Betesda. De igual modo, sabe-se lá há quanto tempo, o seu dispositivo talvez o venha impedindo de viver plenamente em Cristo. Talvez você tenha tentado administrar a

situação, mas não foi bem-sucedido. Assim, experimentou resignar-se, dizendo: "Ei, todo mundo tem um vício, certo? Portanto, é assim que as coisas são. Gostaria de poder mudar, mas todos sabemos que isso nunca acontecerá".

2. *Quanto mais tempo um problema persiste, mais desculpas você dá.* Diante da pergunta de Jesus, se ele queria ser curado, o homem retrucou: "Senhor, não tenho ninguém que me ajude a entrar no tanque quando a água é agitada [...]" (João 5.7). Ele explicou que, pelo fato de não ter ajuda, as pessoas corriam na sua frente, levando-o a fracassar sem um fiapo de esperança. Talvez isso descreva onde você se encontra hoje. Você deseja mudar e em segredo espera que de algum modo Deus o ajude. Mas também sabe que é mais fácil continuar esperando junto ao tanque e inventar desculpas do que rastejar até ele e mergulhar. Talvez você diga coisas como:

- "Não consigo passar nem uma hora sem o meu celular, que dirá um dia inteiro."
- "As coisas são assim hoje e pronto. Manter-me atualizado é importante demais para mim."
- "Além do mais, tentei me desconectar uma vez, mas simplesmente não valeu a pena."

3. *Quanto mais um problema persiste, mas você aprende a compensá-lo.* Como o alcoólatra funcional que consegue se sair bem no emprego e, ao mesmo tempo, é um desastre em casa, talvez você seja capaz de contornar a

sua disfunção tecnológica. Você sempre passa de ano. Sempre faz o seu trabalho. E com toda a certeza se mantém atualizado com o que está acontecendo na vida dos outros e ainda consegue arranjar tempo para a #*Selfie*deDomingo perfeita.

Mas a sua vida é cheia de coisas que não o satisfazem.
Você sabe que deve haver mais.
Anseia por isso, mas não sabe onde encontrá-lo.

Portanto, a questão é: você não consegue mudar o que está disposto a tolerar. Se você não gosta de determinada coisa, o problema não desaparecerá. Nunca. Se você está disposto a conviver com isso, nada jamais será diferente. Você precisa chegar ao ponto em que deixa de sentir medo do que poderia perder. Precisa se recusar a perder o que — e quem — está bem à sua frente.

FIEL OU FAMILIAR?

Talvez você consiga sentir o Espírito de Deus fazendo a mesma pergunta feita por Jesus.

Você quer ser curado? Mesmo? Quer desfrutar das bênçãos da tecnologia sem ser escravizado por ela? Está disposto a fazer todo o necessário para pôr Deus em primeiro lugar na sua vida?

Se você está disposto a isso, então alguma coisa precisa mudar.

Alguém certa vez me perguntou: "O que você considera ser o maior entrave para a fé?". Muitas possibilidades passaram

> Você quer ser curado? Mesmo? Quer desfrutar das bênçãos da tecnologia sem ser escravizado por ela? Está disposto a fazer todo o necessário para pôr Deus em primeiro lugar na sua vida? Se você está disposto a isso, então alguma coisa precisa mudar.

pela minha cabeça. A preocupação com certeza é um entrave para a fé, certo? Assim como a dúvida. Também se poderia argumentar que o medo abala as estruturas da fé. E "Deus não nos deu o espírito de temor" (2Timóteo 1.7, *Almeida Revista e Corrigida*). Mas, enquanto eu refletia em todos esses antagonistas, outro me veio à mente, um tanto menos óbvio, mas tão perigoso quanto.

Talvez a *familiaridade* seja o maior inimigo da fé.

Em vez de crer que Deus pode tudo, muitos se rendem ao que veem. Aceitam o que é no lugar do que poderia ser. Talvez você tenha se acomodado ao vício em tecnologia. Aprendeu a racionalizá-lo, a explicá-lo de modo que deixasse de considerá-lo um problema. Diz para si próprio que não é tão importante assim. Pode ser que todo mundo que você conheça seja um pouco igual; então não deve ser tão ruim, certo?

Talvez o maior obstáculo para a sua fé seja a familiaridade, aquilo que você conhece e aceita. Para a fé no que poderia ser. Para a fé no que Deus o chama a ser.

O inválido poderia argumentar: "Nunca fui capaz de andar. Sempre dependi dos outros. Ninguém nunca me ajudará". Você pode ter suas desculpas: "Preciso do celular por perto 24 horas por dia, 7 dias por semana. Do contrário, como me localizarão? Preciso manter contato com o que está acontecendo. Não tenho como realizar o meu trabalho sem o celular".

Se a familiaridade é o maior obstáculo para a fé, então é preciso fé para fugir da familiaridade.

Talvez por isso Jesus tenha perguntado ao inválido: "Você quer ser curado?". Talvez por isso você sinta o Espírito fazer a mesma pergunta. Você deseja desfrutar dos benefícios da tecnologia sem ser enredado pelas maldições? Quer realmente mudar? Quer realmente ser curado?

Porque não se pode ajudar quem *precisa* de ajuda.

Só se pode ajudar quem *deseja* ajuda.

Você quer se libertar?

Precisa querer. De verdade.

A cura só acontecerá quando o seu desejo for maior que a sua incapacidade.

Quando enfim você constatar que quer ser curado mais do que quer permanecer conectado, isso significa que abriu a porta para Deus trabalhar na sua vida. Se está cansado de navegar, de tentar preencher o vazio no seu coração que só Jesus pode ocupar, então é hora de cura. Se você cansou de ser escravo do mais recente sistema operacional ou de ter uma conexão *wi-fi* no restaurante e está pronto para fazer algo a respeito, então já deu o primeiro passo.

O PODER PARA MUDAR

Raras vezes os vícios são fáceis de vencer. Mas Deus dará início ao processo de cura se você assim permitir, se estiver disposto a depender de seu poder para fazer o que não pode sozinho.

O meu pai é um exemplo perfeito. Ele foi viciado em álcool grande parte da minha vida. Na minha infância, sozinhos em casa toda noite, lembro-me do meu pai bebendo. *Toda noite.* Então, quando ele estava com 51 anos, alguma coisa aconteceu dentro dele. Alguma coisa deu um estalo. Alguma coisa mudou. Papai cansara daquilo. Estava pronto para mudar. Entregou seu vício a Deus e pediu ajuda. À medida que seu relacionamento com Deus crescia, também crescia seu desejo de ser curado. Ele reconheceu que tinha um problema e decidiu fazer o necessário para conseguir ajuda.

O meu pai está sóbrio há mais de vinte e três anos, algo pelo que ele dá a Jesus todo o crédito. Hoje ele ajuda outras pessoas a se libertarem de seus vícios e dedica grande parte do tempo a um ministério na prisão e servindo no conselho de duas organizações sem fins lucrativos que visam a recuperação de viciados. Tamanha mudança me emociona enquanto escrevo. Eu não poderia me sentir mais orgulhoso e grato pela obra de Deus na sua vida.

Um dia, tentando me lembrar de quanto tempo ele dedicara ao vício, perguntei: "Pai, sei quando o senhor parou de beber, mas quando foi que começou?".

Ele fez uma pausa para refletir. "Bem, acho que eu tinha...". Vi que tentava se recordar. "Acho que eu tinha 13 anos."

Como nunca prestei muita atenção nas aulas de matemática (já deixamos isso claro aqui), abri o meu prático aplicativo de calculadora. Por quanto tempo o meu pai enfrentou o problema? Vejamos, 51 (a idade em que parou) menos 13 (a idade em que começou) deveria ser igual ao número de anos em que ele foi viciado.

Trinta e oito anos. Como o sujeito do evangelho de João.

Não há nada de mágico nesse número. Só quando o desejo do meu pai de ser curado se tornou maior do que sua incapacidade, é que Deus começou a libertá-lo. E, depois de trinta e oito anos, pelo poder de Cristo, o meu pai se libertou.

Talvez você esteja viciado, obcecado e venha lutando para se libertar há algum tempo. Não sei há quanto tempo você enfrenta o problema, mas com Cristo você não é um caso perdido.

Chegou a hora de parar de inventar desculpas e começar a se curar. Ao olhar para o inválido, "Jesus lhe disse: '*Levante-se! Pegue a sua maca e ande*'" (João 5.8). Ele não o curou um mês depois; aconteceu *de imediato*. De igual modo, quando você entrega esse desafio a Jesus, ele pode fazer, no mesmo instante, mais do que você é capaz de imaginar. Talvez você não sinta a menor diferença e a mudança possa não acontecer toda de uma vez, mas o poder de Jesus estará operando no seu interior.

Jesus mandou o inválido levantar e se pôr a caminhar. Uma tarefa bastante pesada para um sujeito que provavelmente nunca andara na vida. Jesus lhe ordenou fazer o que todo mundo teria considerado impossível.

Observe que o homem não pediu que Jesus o curasse. Jesus o fez pelo simples fato de ser quem é. Quando você se aproximar, Jesus fará coisas que você nem lhe pediu. Ele é bom assim.

> Quando você se aproximar, Jesus fará coisas que você nem lhe pediu. Ele é bom assim.

Em outras palavras, Jesus disse: "Não quero ouvir as suas desculpas. Quero ver a sua fé".

Aí está. Talvez seja o que ele está dizendo agora, por meio deste livro. Se você leu até este ponto, suponho que alguma coisa neste livro o esteja afetando pessoal e intimamente.

Jesus pode estar dizendo neste exato instante: "Não quero ouvir as suas desculpas. Quero que creia que tenho algo ainda melhor, algo mais abundante para você. Algo que satisfará o seu anseio como nada mais poderá fazê-lo".

Não sei como isso acontecerá na sua vida, mas, se você quer mesmo ser curado, Deus o revelará a você. Você poderia tirar uma folga de três dias da tecnologia, só para ver se consegue deixá-la de lado. Ou poderia se desligar por 30 dias, para uma desintoxicação mais profunda. Se a tecnologia ou as mídias sociais se tornaram um ídolo para você, Deus pode o levar a fechar algumas contas, a deletar alguns aplicativos ou a instalar alguns filtros antes de prosseguir com a sua vida. Não sei que forma a destruição desse ídolo tomará no seu caso, mas você não é o que você tuíta. O seu autovalor não se baseia nas curtidas alheias, mas no amor de Deus.

Quando esse ídolo for derrubado, você não será vencido pelas comparações, como pode ter acontecido antes. Quando Cristo se tornar tudo o que tem, você perceberá que ele é tudo aquilo de que necessita. Não temerá o que está deixando de saber por meio de uma tela porque a sua vida será plena daquilo que mais importa. Você terá uma vida sem filtros, removendo o véu e compartilhando o seu coração intimamente. E você se importará em profundidade com as pessoas. Não curtirá postagens apenas; amará o próximo de verdade — e de coração.

Quando você se desligar de vez em quando (ou com frequência), encontrará verdadeiro descanso para a sua alma. Ao traçar limites agradáveis, você estará fazendo escolhas sábias para manter puros os olhos, a mente e o coração. Não porá nada na frente de Deus. Se outras pessoas forem tentadas a menosprezar os outros, você se apartará da multidão e seguirá a Deus, que o chamou para edificar o próximo.

Ao remover o cobertor de desculpas e seguir a direção de Deus, você contemplará a glória do Senhor e será transformado na imagem de Cristo, porque o que o define não é quem segue você, mas a quem você segue.

Deseja ser curado?

Então deixe Jesus curar você.

Ele é mais poderoso do que qualquer luta que você jamais enfrentará.

Apêndice 1

Os dez mandamentos do uso das mídias sociais para aumentar a fé e compartilhar o amor de Deus

Não sei quanto a você, mas eu considero a palavra "santo" um tanto intimidadora.

Porém, o termo "santo" sem dúvida está intimamente associado a Deus. Faz parte de como o descrevemos e de como ele se descreve. Vemos o conceito de santidade aplicado a pessoas pela primeira vez logo depois que Deus liberta os israelitas do cativeiro do Egito. Percorrendo o deserto e acampando perto do monte Sinai (também conhecido como Horebe), eles descobriram como Deus queria que agissem baseados em quem eram. Deus os resgatou para se tornarem uma nação santa, um povo separado para glorificá-lo.

Do mesmo modo, por meio de Jesus, Deus nos chamou para sermos santos (v. 1Pedro 2.9).

Ser santo significa ser separado, diferente. A boa nova é que não somos santificados por causa do nosso bom comportamento ou da nossa própria justiça. Somos santificados pela justiça de Deus mediante seu Filho imaculado, Jesus. Como explica Paulo: "Deus tornou pecado por nós aquele que não tinha pecado, para que nele nos tornássemos justiça de Deus" (2Coríntios 5.21). Pelo fato de não ter pecado, Jesus pôde morrer no nosso lugar como sacrifício pelos nossos pecados.

Ao depositarmos a nossa fé em Jesus, sua morte e ressurreição nos tornam justos diante de Deus. Por algum motivo, esquecemo-nos com frequência desta verdade essencial: a nossa justiça e a nossa santidade baseiam-se não nas nossas boas obras, mas na nossa fé. Trata-se de um dom concedido de graça, de modo que podemos ter vida eterna com Deus. "Justiça de Deus mediante a fé em Jesus Cristo para todos os que creem [...]" (Romanos 3.22).

No Antigo Testamento, quando Deus resgatou seu povo do cativeiro, ele fez isso com um propósito. Deus conduziu Moisés ao alto do monte Sinai, onde este permaneceu por quarenta dias. Nesse período, o Senhor deu a Moisés não só orientações detalhadas sobre o tabernáculo, mas também as duas tábuas de pedra contendo instruções especiais inscritas, conhecidas como os Dez Mandamentos. Por causa de seu amor pelo povo, Deus lhes concedeu essas leis morais e espirituais para mantê-los seguros, bem como para separá-los como povo santo.

No mesmo espírito, quero sugerir dez mandamentos para você levar em consideração ao utilizar as mídias sociais.

Os dez mandamentos do uso das mídias sociais [...]

É evidente que eles não foram dados diretamente por Deus. Mas os princípios são baseados em sua Palavra.

Gastamos boa quantidade de páginas examinando alguns dos efeitos danosos da tecnologia e das mídias sociais, mas permita-me dizer outra vez quanto aprecio os incríveis benefícios de viver em um mundo com *wi-fi*. Por isso, quero apresentá-lo a dez maneiras de proteger o seu tempo, coração, corpo e alma, bem como de aprofundar a fé por meio do que você digita, escreve e tuíta.

São nada mais, nada menos, que dez sugestões úteis para você utilizar as mídias sociais para mostrar às pessoas o seu amor por Deus, mas sem permitir que elas o definam ou ocupem um lugar doentio na sua vida. As mídias sociais e a tecnologia são ferramentas incríveis e, com um pouco de disciplina e oração, podem ser uma dádiva para nos conectarmos com os outros e demonstrar o nosso amor por um Deus impressionante. Por isso, imagine que essas sugestões estão gravadas em tábuas de pedras virtuais; vamos dar uma olhada em cada uma delas.

1. Ponha Deus em primeiro lugar em tudo o que você diz e posta.
2. Ame as pessoas como você deseja ser amado.
3. Use as mídias sociais para promover, não para substituir, os relacionamentos do mundo real.
4. Use as mídias sociais em vez de ser controlado por elas como quem segue um ídolo.
5. Dê a outra face virtual para postagens que o ofendam.
6. Não poste por emoção.

7. Sempre espelhe Jesus, amando a Deus não importa se você estiver *on* ou *offline*.
8. Não use as mídias sociais para fomentar tentações.
9. Forme as suas próprias opiniões; não siga a multidão.
10. Não baseie a sua identidade no que os outros pensam.

1. *Ponha Deus em primeiro lugar em tudo o que você diz e posta*

Parece fácil, não? Mas, se fosse mesmo tão fácil assim, você não precisaria deste livro! Portanto, vamos pensar em maneiras pelas quais você pode se lembrar do que é fundamentalmente verdadeiro.

Na adolescência, sempre que Amy, a minha esposa, ia sair com os amigos, ouvia o pai dizer: "Lembre-se de *quem você é* e *a quem* pertence". Você não representa apenas a si próprio ou à sua família; você representa Cristo. Paulo afirma isso com muita clareza: "Tudo o que fizerem, seja em palavra seja em ação, façam-no em nome do Senhor Jesus, dando por meio dele graças a Deus Pai" (Colossenses 3.17).

Com exagerada frequência, queremos compartimentalizar nossa vida. Somos tentados a pensar que tudo vai bem conosco porque frequentamos a igreja aos domingos. Depois, durante a semana, trabalhamos, e, nos finais de semana, dedicamo-nos às coisas que nos interessam. Na realidade, contudo, como a nossa vida pertence ao Senhor, tudo o que fazemos deveria ser do interesse de Deus.

Tudo.

Ele deveria vir em primeiro lugar em tudo o que fazemos. Não importa se vemos televisão, vamos ao supermercado, estudamos para um exame, pedimos alguém em namoro, atualizamos o nosso *status* no Facebook ou tuitamos sobre o negócio mais recente que fechamos, seja o que for, deveríamos fazê-lo para Deus. Observe como Paulo qualifica suas instruções: "em palavra ou em ação". Falando ou agindo, gritando ou cantando, faça tudo para a glória de Deus. Poderíamos traduzir isso para a cultura das mídias sociais e dizer: "O que quer que você faça, seja tuitar, seja comentar, seja postar, seja carregar, faça tudo em nome do Senhor Jesus".

Antes de dizer qualquer coisa *on-line* (ou pessoalmente), questione se você está mesmo representando e refletindo o amor e a bondade de Deus. Do contrário, cale-se. Sempre. E não pense apenas nas palavras que você profere; inclua também as imagens ou os vídeos que posta. Se de alguma forma eles não refletem os padrões divinos, não os compartilhe.

Amo como a *Nova Bíblia Viva* traduz Provérbios 3.6. Esse deveria ser o nosso padrão *on-line*: "Lembre-se de colocar Deus em primeiro lugar, em todos os seus caminhos, e ele guiará os seus passos, e você andará pelo caminho certo".

Em outras palavras: "Colocarás Deus em primeiro lugar em tudo o que disseres ou postares".

2. *Ame as pessoas como você deseja ser amado*

Provavelmente você já ouviu a Regra de Ouro: "Como vocês querem que os outros lhes façam, façam também vocês a eles" (Lucas 6.31). Jesus resumiu sua instrução sobre como tratar o próximo com essa regra quando um grupo lhe perguntou como deveria responder aos inimigos. Elevando a régua a um nível nunca visto, a regra se aplica quando interagimos tanto pessoalmente quanto *on-line*.

Pensando em como você gosta de ser amado *on-line*, é fácil saber como tratar as outras pessoas. Parece óbvio. Você pode curtir a postagem de alguém. Pode compartilhar o que essa pessoa diz, ou comentar com uma ou duas palavras gentis. Pode fazer um cumprimento sincero e enaltecedor. Pode deixar um comentário positivo a respeito do que a pessoa disse ou postou.

Você pode se refrear de dizer algo danoso para os outros, ser antagônico ou sempre ignorar o que fazem ou dizem. Como regra geral, procuro não postar coisas negativas ou críticas. Há gente suficiente fazendo isso. Quero que o que digo e mostro seja enaltecedor e encorajador, que edifique em vez de derrubar. Isso não significa evitar assuntos difíceis, mas podemos discuti-los de um ponto de vista positivo, oferecendo soluções em vez de atiçar e constranger as pessoas, não importa de quem se trate.

Além de dizer coisas agradáveis e evitar interações ruins *on-line*, você pode encontrar mil maneiras de amar as pessoas usando a tecnologia e as mídias sociais. Por exemplo, você pode migrar o relacionamento do campo virtual ao responder pessoalmente. Em vez de apenas postar um comentário, você pode responder com um telefonema, um bilhete manuscrito ou uma visita pessoal. Se alguém pede uma oração, você pode ir à casa da pessoa e orar por ela em vez de orar de longe. Se alguém perde o emprego, você pode se oferecer para pagar uma conta enquanto a pessoa procura trabalho ou ajudá-la a criar uma rede para encontrar novas oportunidades profissionais. E, quando ela conseguir o novo emprego, você pode sair para jantar com ela e comemorar a bênção. Você sabe milhares de coisas

Os dez mandamentos do uso das mídias sociais [...]

que as pessoas fazem em seu favor para o ajudar a se sentir amado. Portanto, seja criativo *on* e *offline* e ame o próximo das mesmas maneiras que deseja ser amado!

3. *Use as mídias sociais para promover, não para substituir, os relacionamentos do mundo real*

Dez anos atrás, a maioria de nós jamais imaginaria todos os benefícios sociais que a tecnologia oferece hoje. Enquanto escrevo isto, ainda me custa acreditar que eu seja capaz de conversar em vídeo pelo celular com amigos que se encontram do outro lado do mundo, ou enviar uma mensagem de texto para a minha filha no quarto ao lado. Até este livro ser impresso, quem sabe quais novas formas de mídias sociais e tecnologias serão desenvolvidas para oferecerem ainda mais maneiras de manter contato com aqueles a quem amamos, ou de seguir quem admiramos.

Deveríamos maximizar tudo o que a tecnologia oferece para ajudar a fortalecer as nossas amizades e os nossos relacionamentos. Porém, enquanto continua a crescer a força gravitacional para permanecermos *on-line*, devemos nos lembrar de que os melhores relacionamentos não são aqueles limitados por uma tela, mas os que envolvem amar alguém pessoalmente.

Sendo assim, mande montanhas de mensagens. *Tuíte* contando o que você está fazendo. Poste o que está comendo. Todavia, invista mais esforço nos relacionamentos mais queridos. Lembre-se de telefonar. Planeje uma visita. Saia para comer com alguém e, então, sentem-se juntos e conversem duas horas seguidas. Acomodem-se na frente um do outro em um café e conversem sobre tudo o que importa e sobre coisas sem importância alguma também. Prepare uma refeição para alguém e leve à casa da pessoa. Saia para uma longa caminhada com um amigo e limitem-se a bater papo sobre o que quer que venha à mente de vocês. Quando alguém a quem você ama se ferir e for para o hospital, não lhe envie uma mensagem apenas; visite-o. Não compartilhe a vida com as pessoas apenas a distância. Viva-a de perto. Como Paulo poderia ter tuitado: "Dediquem-se uns aos outros com amor [...]" (Romanos 12.10).

4. *Use as mídias sociais em vez de ser controlado por elas como quem segue um ídolo*

Como seguidores de Jesus, precisamos nos certificar de que algo bom jamais se torne soberano. Sem sombra de dúvida, tirar proveito da tecnologia para compartilhar sobre Jesus e se conectar com as pessoas é uma coisa boa. Mas, sem controle, a tecnologia pode se tornar obsessiva e idólatra.

Todos conhecemos pessoas obcecadas com quantos seguidores têm, quantos começaram a segui-las e quem deixou de fazê-lo. A maioria de nós já se pegou recarregando páginas algumas vezes, na esperança de encontrar novas curtidas e comentários. Há quem se perca em um mundo que persegue as pessoas, obcecado o tempo todo com o que elas postam ou dizem, às vezes mesmo sem as conhecer! Alguns não conseguem controlar o impulso de olhar só mais um detalhe no Pinterest, sabendo que um último clique (que nunca é só um) talvez revele aquele algo especial que enfim lhes tornará a vida completa. Outros jogam só mais uma partida, esperando quebrar o próprio recorde ou passar finalmente para uma nova fase.

É difícil enxergar no momento, mas, recuando um pouco, percebemos que seríamos capazes de nos curvar diante de um gigantesco *smartphone* no céu. A Bíblia não poderia ser mais clara quanto à idolatria. Além do mandamento "Não terás outros deuses além de mim" (Êxodo 20.3), também recebemos a seguinte instrução: "Filhinhos, guardem-se dos ídolos" (1João 5.21). No instante em que você se percebe começando a pôr outras coisas acima de Deus, derrube esse ídolo. Assim que constatar que você não detém o controle, que clica e clica de novo sem saber como parar, admita o problema. Não o racionalize. Não o explique como algo sem importância. E não postergue o momento de tratá-lo.

Apenas diga a verdade.

Você está viciado.

E é idolatria.

A partir do momento em que você reconhece o seu problema diante de Deus, pode lhe pedir perdão e auxílio. Deus sempre ouve a oração do coração arrependido. Deus não somente o perdoará, como também dará a força para você deixar de lado as coisas que o afastam dele.

Use as mídias sociais. Desfrute delas. Mas não permita que elas o engulam. Se perceber um ídolo na sua vida, destrua-o!

5. *Dê a outra face virtual para postagens que o ofendam*
Siga uma quantidade suficiente de pessoas, e logo alguém dirá ou mostrará algo inadequado ou ofensivo. Se você é como a maioria, acha fácil pegar em armas ao se sentir ofendido. Como cristãos, no entanto, podemos nos elevar acima da tentação de descer o nível. Diz Salomão: "A sabedoria do homem lhe dá paciência; sua glória é *ignorar as ofensas*" (Provérbios 19.11).

Na nossa cultura, muita gente é rápida em julgar, rápida em apontar erros e rápida em se ofender. Contudo, embora possam ser rápidas em se aborrecer, são lentas em mostrar graça, relevando as ofensas.

Para ser claro, relevar uma ofensa não é o mesmo que fingir que não aconteceu, ou incentivar a injustiça. Não, relevar é a decisão de seguir em frente. É uma forma de perdão. A palavra hebraica traduzida por "relevar" também significa "transpor". Você pode olhar para o que tem potencial de o ferir e planar espiritualmente acima do problema, deixando-o para trás.

Se algumas pessoas disserem algo duro ou incisivo, em vez de se inflamar e revidar, deixe o Espírito de Deus ajudar você a conceder-lhes o benefício da dúvida. É grande a probabilidade de que o mau humor delas nada tenha que ver com você, e o espírito crítico que elas revelam não tem você como alvo, mas é reflexo de algo com que estão sendo obrigadas a lidar. O fato de alguém se mostrar o tempo todo com raiva ou áspero costuma indicar que essa pessoa está sofrendo. Por quê? Porque pessoas feridas machucam outras pessoas. Em lugar de se ofender, você deveria apresentá-las em oração a Deus e pedir que ele as socorra.

Se uma postagem afligir o seu coração ou tornar você injustamente irado, lembre-se de que você não é obrigado a seguir quem postou. Até certo ponto, você consegue controlar o que vê e lê. Haja o que houver, lembre-se de que, assim como Jesus nos ensinou a dar a outra face quando alguém nos atinge, podemos dar a outra face virtual a postagens que nos ofendem. A vida é curta demais para permitir que a atitude ruim de alguém contamine o nosso coração e os nossos relacionamentos.

6. Não poste por emoção

Pensando bem, a capacidade de dizer o que se passa pela cabeça a um grande grupo de pessoas mais ou menos interessadas é bastante assustadora, o que constitui um bom motivo para nunca postar quando estiver com raiva, aborrecido, rejeitado ou ofendido, ou lutando contra qualquer outra emoção perturbadora. Quando você se perguntar se está reagindo por emoção, lembre-se do seguinte: na dúvida, espere.

Como regra, eu nunca posto nada quando estou emotivo em excesso. Jamais. Adoto a disciplina de não me defender ou me envolver em controvérsias desnecessárias *on-line*. Há anos evito responder a críticas ou postar motivado pela emoção. Pouco tempo atrás, no entanto, estive a milésimos de segundo de quebrar a minha velha regra. O nosso jornal local atacou um atleta profissional da cidade que por acaso também é meu amigo. Em questão de minutos, parecia que a maior balbúrdia se instalara em grande parte da cidade, que correra para as mídias sociais com o intuito de dar vazão a suas frustrações. Como tantos outros, senti raiva e sofri por meu amigo, uma tremenda bênção para a nossa cidade. Assim, em um surto de raiva justa, digitei um tuíte duro em sua defesa. Felizmente, pela graça de Deus, hesitei tempo suficiente para pensar: *Devo postar isso?* Ao menos 99,5% de mim queria jogar tudo no ventilador. Mas, como eu não me sentia 100% seguro, submeti-me à minha regra padrão: na dúvida, espere.

Sou muito grato por não ter disparado contra a nossa mídia local. Eles têm sido bastante justos nas reportagens sobre a nossa igreja e costumam ser generosos. O que quer que eu dissesse não mudaria o que já tinham afirmado sobre o meu amigo. E, com o tempo, o autor da matéria se desculpou pelo comentário descuidado. A administração do periódico também se mostrou genuinamente arrependida e envergonhada. A controvérsia como um todo se esgotou em poucos dias. Se eu tivesse publicado meu *post*, talvez me sentisse melhor no momento, mas não ajudaria ninguém. Sei que já excedi a minha cota de erros cometidos, por isso fiquei contente quando, em vez de disparar contra alguém naquele instante, consegui me manter fora do fogo cruzado.

Você será tentado a postar quando estiver agitado ou ferido, sem dúvida. Mas, na dúvida, espere. Só poste motivado pelo amor.

7. *Sempre espelhe Jesus, amando a Deus* não importa se você estiver on *ou* offline

Depois que Jesus silenciou os belicosos saduceus, os fariseus conspiraram para fazê-lo cair em uma armadilha. Um dos especialistas na Lei tentou enganá-lo perguntando qual era o maior mandamento. "Respondeu Jesus: 'Ame o Senhor, o seu Deus de todo o seu coração, de toda a sua alma e de todo o seu entendimento'. Este é o primeiro e maior mandamento" (Mateus 22.37,38). Acima de tudo, o mandamento mais importante que temos é amar a Deus com cada parte do nosso ser. Portanto, sempre deveríamos amar e espelhar Jesus *on* e *offline*.

Encorajo você a rever tudo o que postou ou disse *on-line* no último mês. Finja que você não sabe nada a seu próprio respeito. Observe tudo com objetividade e determine que conclusões alguém tiraria sobre você baseado nas suas postagens. Você gosta do que vê? O que as suas pegadas *on-line* revelam a seu respeito? O que você mostra espelha com precisão aquilo em que crê? As pessoas diriam que você ama a Deus acima de tudo? Ou pensariam que você ama outra coisa — talvez até a si mesmo?

Isso não significa que só devemos postar versículos da Bíblia ou citações do sermão do nosso pastor. No período de um mês, no entanto, com certeza as pessoas deveriam ser capazes de enxergar provas de que amamos a Deus e seguimos Jesus. Se essas provas inexistem nas suas postagens, questione-se acerca da razão. Você tem medo do que as pessoas pensarão? Ou, pior ainda, você revela que na verdade não ama a Deus acima de todas as coisas?

Se você se apaixona cada vez mais por Deus a cada dia, o seu amor se revelará no que posta. Não precisará forçar isso, nem fingir nada. Se perceber que está forçando ou fingindo, em vez de tentar mostrar algo que não é real nem genuíno, reconheça que não ama a Deus com tudo o que ele tem e é. Peça-lhe que o ajude, que o conduza, que o atraia. Quando você o buscar, haverá de encontrá-lo (v. Jeremias 29.13). Ele se revelará a você. Ao experimentá-lo e provar de sua bondade, você verá que ele é bom (v. Salmos 34.8). A partir do momento em que a sua paixão por ele crescer, o mesmo acontecerá com o seu testemunho *on* e *offline*.

Você espelhará sempre o Senhor Jesus.

Ame a Deus *on* e *offline*.

8. *Não use as mídias sociais para fomentar tentações*

Não é segredo para ninguém que a tecnologia e as mídias sociais conseguem abrir a porta para tentações com um simples clique ou o barulho de teclas. Em vez de precisar nos submeter a inúmeros passos, atos ou comportamentos para ficar frente a frente com uma tentação feroz, hoje podemos encontrá-la nos nossos monitores em questão de nanossegundos.

Não me refiro apenas às tentações sexuais. Para alguns, qualquer aplicativo de compras oferece mais tentações de clicar e comprar do que eles são capazes de enfrentar em uma noite de fraqueza, sem nada para fazer. Ou uma porta aberta para o jogo é a pior tentação para quem se sente com sorte — de novo. Para outros, a fofoca *on-line* lhes sussurra o nome: "Venha saber das coisas". Alguns são tentados a comparar, a exagerar no que compartilham, ou a olhar e desejar com ardor. É importante ser sincero acerca das suas vulnerabilidades e planejar de modo que evite as armadilhas com potencial para o ferir.

Tiago, meio-irmão de Jesus, não faz rodeios ao descrever o engano e os perigos da tentação. Depois de explicar com clareza que Deus nunca tenta ninguém, ele acrescenta: "Cada um, porém, é tentado pelo próprio mau desejo, sendo por este arrastado e seduzido. Então esse desejo, tendo concebido, dá à luz o pecado, e o pecado, após ser consumado, gera a morte" (Tiago 1.14,15). A palavra grega que Tiago emprega e foi traduzida por "seduzido" é na verdade um termo de pesca que ilustra como a tentação nos atrai e depois nos fisga. O que começa como algo pequeno e aparentemente inofensivo pode logo se tornar grande e perigoso, até mortal.

No entanto, como crente em Jesus, você nunca precisa guerrear sozinho contra a tentação. O autor de Hebreus nos lembra de que "[...] tendo em vista o que ele mesmo [Jesus] sofreu quando tentado, ele é capaz de socorrer aqueles que também estão sendo tentados" (Hebreus 2.18). Se você está sendo tentado, não está sozinho. Jesus pode ajudar você. Assim, se identificar uma porta aberta para a tentação *on-line*, peça que Jesus o ajude a fechá-la.

Quando você orar por sabedoria, Deus a dará (v. Tiago 1.5). Quando ele mostrar como fechar uma porta para a tentação *on-line*, bata-a com força, tranque-a e jogue fora a chave de criptografia. Delete o aplicativo se for o caso. Ou, se necessário, dê a outra pessoa uma senha para impedir que você tenha acesso ao *download* de aplicativos. Talvez você precise baixar um navegador com filtros para bloquear determinados *websites*. (Encontre mais explicações sobre como fazer tudo isso no Apêndice 2.) Ou você pode compartilhar senhas, ou manter contas conjuntas, com o seu cônjuge. Faça o que tiver de fazer, mas não use a tecnologia para alimentar a tentação.

9. Forme as suas próprias opiniões; não siga a multidão

Ao seguir as pessoas *on-line*, você pode adquirir muita sabedoria com aqueles que são sábios. Infelizmente, na rede não existem só os sábios, mas também os absolutamente tolos. Provérbios 15.2 diz: "A língua dos sábios torna atraente o conhecimento, mas a boca dos tolos derrama insensatez". Amo como a *Nova Versão Internacional* verte a segunda parte do versículo: "a boca dos tolos derrama insensatez". É bem provável que você já tenha visto esse tipo de pessoa se liberar *on-line*.

Jesus nos instrui a permanecermos no caminho estreito, advertindo que o caminho largo ou amplo leva à perdição (v. Mateus 7.13,14). Às vezes parece que todo mundo está seguindo na mesma direção, mas isso não significa que estejam todos no caminho certo. Nas mídias sociais, costuma acontecer de muita gente copiar opiniões populares sobre Deus, política ou o mais recente escândalo envolvendo alguma celebridade. Mas o fato de um monte de gente acreditar em algo não torna isso verdade. Especialmente quando se trata do que as pessoas postam *on-line*.

Pode ser tentador seguir a multidão, mas fazê-lo é perigoso. Êxodo 23.2 diz: "Não acompanhe a maioria para fazer o mal [...]". Deus concedeu um cérebro a você para pensar por si próprio. Entregou a você a Palavra a fim de que busque sua vontade. Você recebeu seu Espírito para o conduzir a toda a verdade (v. João 16.13). Em vez de acreditar em tudo o que vê ou ouve, chegue às suas próprias conclusões.

Paulo explica a importância de resistir ao engodo da multidão, quando diz: "Não se amoldem ao padrão deste mundo [...]" (Romanos 12.2). Não seja como os demais. A versão *A Mensagem* traduz o versículo com mais liberdade: "Não se ajustem demais à sua cultura, a ponto de não poderem pensar mais". Em vez de fazer o mesmo que a maioria ou de acreditar no que muitos afirmam ser verdade, devemos ter a mente renovada pela verdade divina.

Resista ao anseio de se misturar.

Não seja uma ovelha seguindo o rebanho.

Siga o Pastor.

10. Não baseie a sua identidade no que os outros pensam

Qualquer um que gasta tempo nas mídias sociais será tentado a comparar, pensando algo como: *Quantos seguidores eles têm? Uau! Isso é bem mais do que tenho.* Também podemos ser tentados a pensar o oposto quando vemos alguém que recebe menos curtidas ou citações do que nós — ele não é tão importante quanto nós. Uma visão doentia das mídias sociais pode nos fazer experimentar ou um orgulho ruim ou um senso pernicioso de inadequação.

Não somente podemos ser tentados a basear a nossa identidade em quem nos segue (ou por quem não o faz), mas também a nos permitir ser consumidos pelo que os outros dizem. Se os outros curtem a nossa camisa nova na nossa *selfie* mais recente, sentimo-nos ótimos. Se eles não dizem nada, podemos presumir que não gostaram. E se alguém disser "O que vc tinha na cabeça qdo comprou essa coisa HORRÍVEL?", podemos nunca mais comprar na mesma loja.

Como cristãos, devemos nos lembrar constantemente de não basearmos a nossa identidade — a visão que temos a respeito de nós mesmos e do nosso valor — no que os outros dizem ou pensam sobre nós. Quem somos e o nosso valor são determinados pelo que Cristo diz a nosso respeito. As pessoas podem nos criticar, ignorar ou deixar de seguir, mas isso não afeta quem somos de fato. Somos quem Cristo diz que somos.

No caso de você estar se perguntando o que ele diz sobre você, eis uma pequena lista. Você é uma nova criação (v. 2Coríntios 5.17). Está perdoado e os seus pecados foram lavados (v. Efésios 1.7). Você é mais do que vencedor (v. Romanos 8.37), uma verdadeira obra-prima de Deus (v. Efésios 2.10, traduzido da versão *New Living Translation*).

Eu poderia continuar. Você é a luz do mundo (v. Mateus 5.14). Você está cheio do mesmo espírito que ressuscitou Cristo dos mortos (v. Romanos 8.11). É co-herdeiro com Cristo (v. Romanos 8.17). É o representante divino de Cristo neste mundo (v. 2Coríntios 5.20). Você é a justiça de Deus em Cristo (v. 2Coríntios 5.21). Você é muito amado por Deus (v. João 14.20-23).

Não importa o que digam ou sugiram, você não precisa se deixar influenciar pelas palavras dos outros. Está seguro em Cristo e só em Cristo. Não deve basear a sua identidade no que as pessoas pensam.

Assim, aqui estão os dez mandamentos para o uso das mídias sociais. Pode ser tentador encará-los como costumamos encarar os Dez Mandamentos entregues por Deus a Moisés — como fardos que limitam o que podemos ou não podemos fazer. Mas, na verdade, os mandamentos de Deus são bênçãos supremas que nos libertam para servi-lo com fidelidade e viver com alegria. De igual modo, oro para que esses dez mandamentos das mídias sociais proporcionem limites adequados para dar amor e proteger a vida, que capacitem você a desfrutar do relacionamento com as pessoas *on-line* sem perder o foco no que mais importa.

Portanto, poste, clique, publique vídeos, mande mensagens, bata papos, comente e desfrute disso tudo. Mas faça tudo com base na superabundância do seu amor por Deus e do seu amor pelas pessoas. Use a tecnologia, mas não deixe que ela se apodere da sua vida. Desfrute dos benefícios da tecnologia, mas não permita que ela o defina.

O que quer que você faça, faça-o para a glória de Deus.

Apêndice 2

Salvaguardas

Como discutimos ao longo do livro, pode ser que você queira limitar por várias razões o acesso a determinados *sites*, aplicativos ou informação. Por exemplo, para proteger um filho do tipo errado de influência *on-line*, ou para evitar que perca tempo em jogos inúteis. Você pode ser sincero e reconhecer que parece incapaz de desviar os olhos de algo inadequado, ao que prefere não ter acesso. Ou pode estar viciado em determinado aplicativo ou *site,* desejando eliminar todo acesso a algo que o mantém cativo no momento.

Aqui estão algumas salvaguardas para ajudar você a se afastar de tentações ou distrações *on-line*. É evidente que essas sugestões não são exaustivas, mas oferecem um ponto de partida para você se proteger e àqueles a quem ama.

O seu computador

Se você deseja proteger a si mesmo ou a outras pessoas das perigosas tentações no seu computador, analise a possibilidade de utilizar um filtro de Internet. Eles são fáceis de instalar e costumam ser gratuitos. Entre diversas opções excelentes, aqui estão algumas a considerar:

- K9 Web Protection
- Integrity On-line
- Accountable2You
- Saavi Accountability
- SafePlace.Net
- XXXChurch.com
- Covenant Eyes

O seu iPhone e iPad

Veja a seguir algumas maneiras de eliminar distrações e tentações *on-line*. Pode ser que você necessite ou não de todas elas, mas sugiro implementar as salvaguardas mais extremas. Depois você pode decidir quais as mais adequadas para o seu caso ou para aqueles com quem se importa.

Primeiro, você deve bloquear o Safari e usar um aplicativo de filtragem do seu navegador, ou instalar salvaguardas para o Safari, ou as duas coisas.

Eis os passos para bloquear o Safari:

1. Entre em "Configurações".
2. Clique em "Geral".
3. Role a tela e clique em "Restrições".
4. Clique em "Ativar Restrições" e crie uma senha de quatro dígitos duas vezes, entrando com ela também duas vezes. Se quiser que o bloqueio funcione para você, peça para outra pessoa criar a senha sem revelar a você qual é.

Salvaguardas

5. Agora você pode rolar a tela e bloquear o acesso ao Safari e a outros aplicativos, desligar opções como instalação de aplicativos e ajustar os valores de classificação para músicas, filmes, programas de TV, livros e aplicativos.

Se você estiver bloqueando o Safari, deveria considerar também a possibilidade de bloquear o *download* de aplicativos, uma vez que muitos deles, aparentemente inocentes mídias sociais, incluem acesso fácil a pornografia, linguagem obscena e muitos outros conteúdos danosos. Se você for o detentor da senha de quatro dígitos, é o único capaz de determinar quais aplicativos o seu filho ou outras pessoas podem acessar.

Se você optar por bloquear o Safari, mas quiser manter o acesso à Internet, baixe um aplicativo desenvolvido para bloquear conteúdo impróprio. Existem vários muito bons à sua escolha. Baseado em recomendações de amigos e no meu próprio uso, recomendo:

- Mobicip
- K9 Web Protection
- X3 Watch
- Ranger Pro Safe Browser

Se você estiver preocupado com a possibilidade de um filho pequeno ver conteúdo impróprio, recomendo com veemência que bloqueie o conteúdo adulto do Safari mesmo que use filtros no seu navegador. Muita gente não sabe que em vários aplicativos é possível clicar sobre uma propaganda que permite acesso total à Internet. O bloqueio de conteúdo adulto oferece mais proteção para a criança que muitas vezes conhece bem mais sobre acessos à Internet do que você.

Se você quiser usar o Safari, mas limitar conteúdo adulto ou bloquear determinados *sites*, siga estes passos:

1. Vá para "Configurações".
2. Clique em "Geral".
3. Role a página e clique em "Restrições".
4. Se você já habilitou as restrições, precisará entrar com a senha. Se ainda não fez, clique em "Habilitar Restrições" e crie uma senha, entrando duas vezes com ela.
5. Role a tela até "Conteúdo Permitido".
6. Clique em "Websites".
7. Clique em "Limite Conteúdo Adulto".
8. Se você preferir não vetar por completo o acesso a determinados *sites*, pode acrescentá-los à sua lista. Ou, se quiser que uma criança acesse apenas alguns *sites* e mais nada, clique em "Apenas Websites Específicos" e escolha aqueles aos quais o acesso será franqueado.

O seu celular Android

Os passos a seguir foram extraídos da página *PCAdvisor.co.uk*.[1]

Passo 1. Na tela inicial do Android, deslize o dedo desde o topo da tela e clique no ícone à direita intitulado

---

[1] Brewis, Marie. "How to Set Up Parental Control on Android: Restrict Android App Permissions", **PCAdvisor.co.uk**, March 2, 2015. Disponível em: <http://www.pcadvisor.co.uk/how-to/google-android/3461359/parental-control-on-android>. Acesso em: 16 mar. 2015, 22:59:12.

"Configurações". Role a tela e selecione "Usuários" e, em seguida, clique em "Acrescentar usuário ou perfil". Você pode criar um perfil normal ou restrito. Clique neste último.

Passo 2. Se você ainda não o fez, será alertado a criar uma tela de bloqueio para o seu dispositivo. Clique em "Criar bloqueio" e, em seguida, escolha usar um padrão, um PIN[2] ou uma senha e siga as instruções.

Passo 3. Clique no ícone de configurações junto a "Novo perfil" para lhe dar um nome.

Passo 4. Você agora verá uma lista de aplicativos instalados no seu dispositivo, com chaves *on/off* ao lado. Por padrão, o perfil restrito é incapaz de acessar todas elas. Percorra a lista e acione a chave apenas dos aplicativos que você se sente à vontade em saber que o seu filho acessa. A lista inclui todos os navegadores instalados no seu celular, portanto deixe-os em *off* se estiver preocupado com os perigos aos quais o seu filho pode se expor *on-line*. Você também pode clicar no ícone de "Configurações", junto a "Configurações", para permitir que os aplicativos utilizem a sua localização, opção que vem desligada de fábrica.

Passo 5. Por meio da tela de bloqueio, você descobrirá que a sua conta está protegida por um padrão, senha ou PIN, enquanto o seu filho pode acessar a conta dele instantaneamente — mas só por meio dos aplicativos que você considerou apropriados. Embora apareça o ícone da Google Play Store na tela do celular, tentar acessá-lo exibirá uma notificação de que não há permissão para utilizá-la.

---

[2] Sigla para Personnal Identification Number (Número de Identificação Pessoal). [N. do R.]

A sua televisão

Se você estiver preocupado consigo mesmo ou com os seus entes queridos vendo imagens prejudiciais pela TV a cabo ou por satélite, descubra *on-line* ou com o seu provedor como bloquear programas com determinadas classificações etárias ou de conteúdo. Bloqueei o aluguel de filmes nos aparelhos de TV da minha casa conforme determinadas classificações etárias a fim de proteger os meus filhos mais novos.

Considerações finais

Se deixamos de fora neste breve apêndice alguma coisa que o preocupa, é provável que você consiga encontrar ajuda *on-line* pesquisando no Google a informação de que necessita. Se você aprende melhor com instruções visuais, geralmente encontrará orientações em vídeo no YouTube que mostrarão como fazer tudo o que mencionamos aqui e muito mais.

Lembre-se, Deus oferece ajuda: "Não sobreveio a vocês tentação que não fosse comum aos homens. E Deus é fiel; ele não permitirá que vocês sejam tentados além do que podem suportar. Mas, quando forem tentados, ele mesmo providenciará um escape, para que o possam suportar" (1Coríntios 10.13).

Esta obra foi composta em *Cambria*
e impressa por Imprensa da Fé sobre papel
Offset 70 g/m² para Editora Vida.